大和　真秀《まほ》ろば「弥生《やよい》の王都《おうと》」

絵画土器は語る『弥生人のメッセージ』

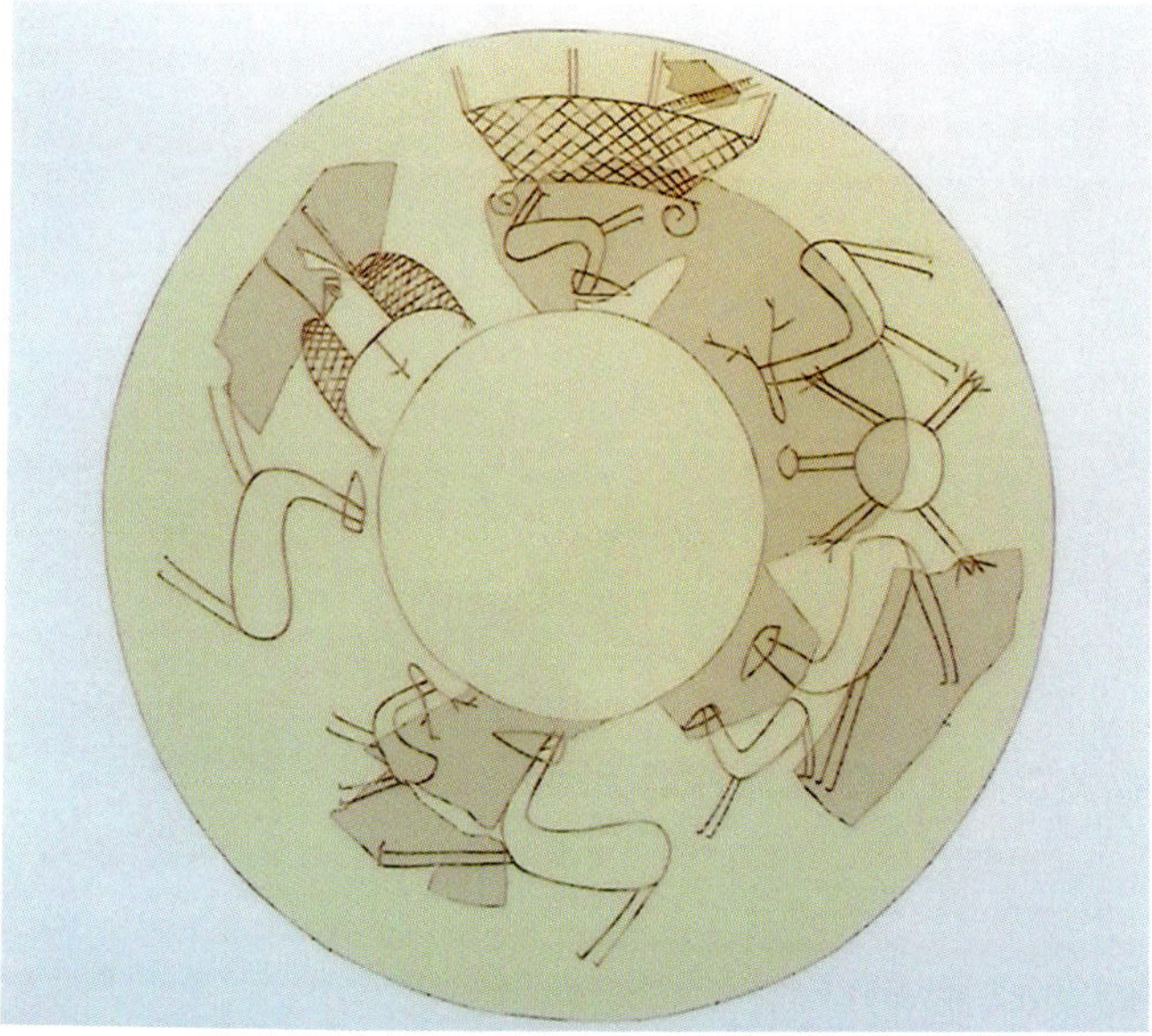

【田原本町教育委員会唐古・鍵考古学ミュージアム蔵】

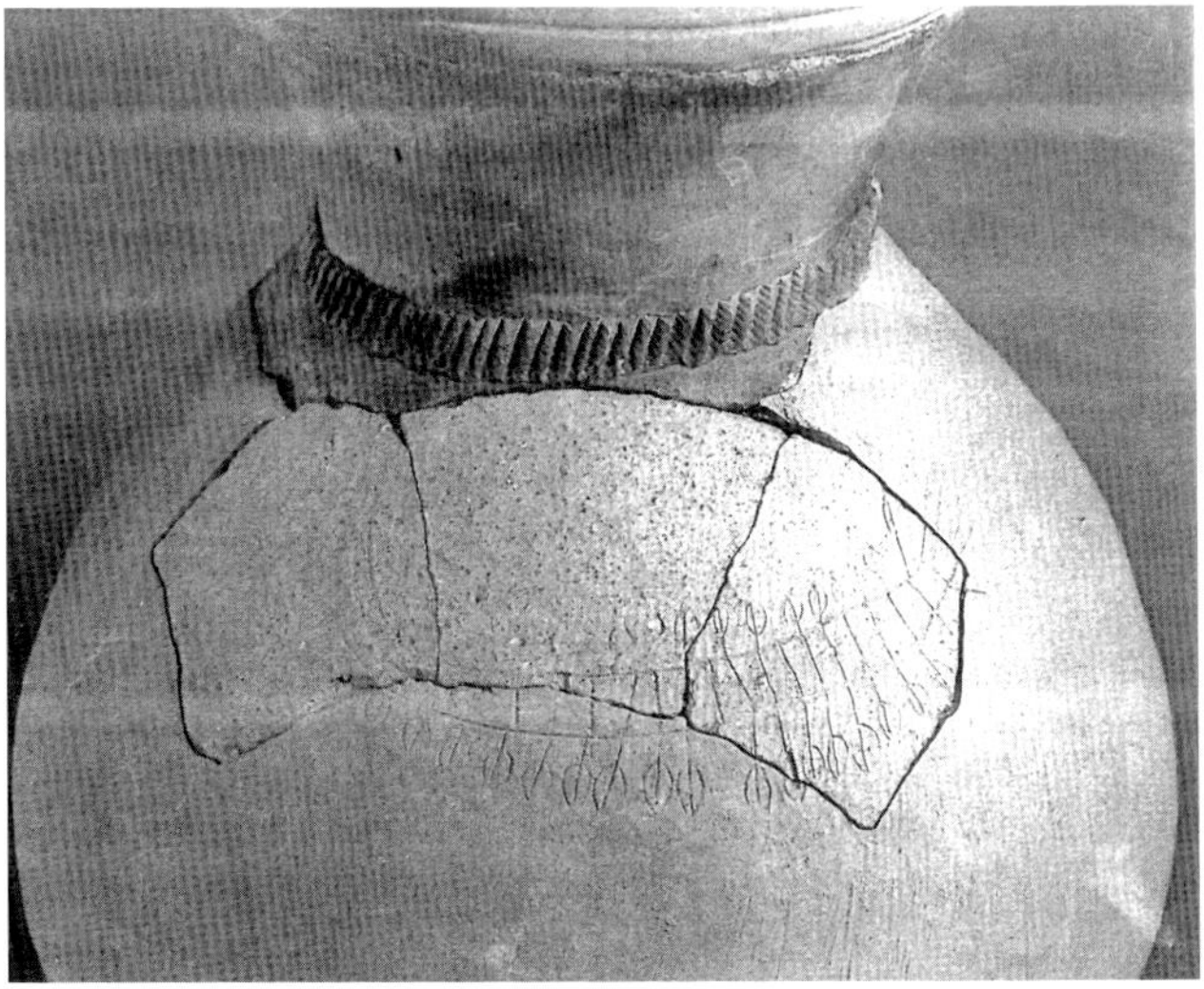

ゴンドラ形の大型外洋準構造船の復元された絵画土器（清水風遺跡）（三五頁）

【奈良県立橿原考古学研究所附属博物館蔵】

大和《やまと》 真秀《まほ》ろば「弥生《やよい》の王都《おうと》」・「古事記《こじき》の里《さと》」

―唐古《からこ》・鍵《かぎ》遺跡（清水風《しみずかぜ》遺跡）・纏向《まきむく》遺跡―

絵画土器は語る「魏志倭人伝《ぎしわじんでん》」〈吉備・讃岐と大和〉

『日本書紀』の置《お》き換《か》え年代の謎《なぞ》？

〔『太《おおの》 安萬侶伝《やすまろでん》』の二部作〕

はじめに

田原本町《たわらもと》は青垣《あおがき》の山々に囲まれた大和盆地の中心にあり、大和　真秀《まほ》ろばのへそである。平安中期まで、町の中央を南北に下《しも》ッ道《みち》（藤原京と平城京を結ぶ官道《かんどう》）が走り、平安末期、寺川の河川敷《じき》(多《おお》～八尾《やお》)となる。寺川と並進して、国道二四号と近鉄橿原《かしはら》線が走り、今昔を問わず、交通の要地で、近世には、寺川の今里《いまざと》は「大和の大坂《おおさか》」と言われ、米の集散地であった。国道沿いに、唐古《からこ》池(江戸時代造成)があり、私たちを弥生《やよい》の里に誘うかのように、楼閣《ろうかく》が建っている。池の堤に春には桜の花が咲き、秋には黄金の稲穂が波打つ。

唐古《からこ》・鍵《かぎ》遺跡は、大和の大環濠《かんごう》の拠点《きょてん》集落で、平成三〇年四月一七日に、唐古・鍵遺跡史跡公園としてオープンした。公園内には、第七四次調査の大型建物跡が再現されている「遺構《いこう》展示情報館」や集落を囲んでいた環濠を復元した多重環濠《たじゅうかんごう》、大型建物跡の立て柱、大井戸《おおいど》等が再現されている。楼閣は絵画土器をもとに復元されたもので、屋根に渦巻《うずま》き模様の飾りが付いていて、「弥生《やよい》の王都《おうと》」としての風格がある。楼閣《ろうかく》が朝霧につつまれた幻想の風景は、悠久の歴史を物語っている。

この公園の東には中《なか》ッ道《みち》が走り、初瀬《はせ》川が流れる。池の堤《つつみ》からは、若草山《わかくさやま》、龍王山、三輪山《みわやま》、大和三山《やまとさんざん》、金剛山《こんごうさん》、葛城山《かつらぎさん》、二上山《ふたかみやま》、信貴山《しぎさん》、生駒山《いこまやま》の山々が見渡せる。その風景は青い垣根のようである。この青垣《あおがき》の山々に囲まれたこの地は、日本の聖地である。

そして、唐古・鍵考古学ミュージアムがリニューアルし、今年の三月に新たに国の重要文化財に指定された遺跡の出土品が展示されている。土器に描かれた絵画は弥生人のメッセージである。「弥生時代の環境や生業」や唐古・鍵遺跡の周辺遺跡や纏向《まきむく》遺跡について触れ、地域との繋がりをテーマとしている。田原本青垣《あおがき》生涯学習センターの唐古・鍵考古学ミュージアムは、国の重要文化財の出土品が展示され、「弥生の王都」の宝庫である。重要文化財の出土品は、「絵画《かいが》土器は語る『魏志倭人伝《ぎしわじんでん》』」「弥生人のメッセージ」である。唐古・鍵遺跡と纏向《まきむく》遺跡との繋がり、弥生時代の中国、稲作の伝播、神武《じんむ》の東征、倭国《わこく》の大乱《たいらん》、卑弥呼の共立について、『魏志倭人伝』や『古事記』『日本書紀』から考察する。絵画土器(ゴンドラ形準構造船《じゅんこうぞうせん》)・製塩土器・特殊器台・双方中円墳の楯築王墓《たてつきおうぼ》等、さらに、水主《みずし》神社・田村《たむら》神社・吉備津《きびつ》神社・楽々福《ささふく》神社等から、弥生時代の倭国、「吉備・讃岐と大和」の関係を紐解《ひもと》いていくこととする。

町の南西部に太安萬侶《おおのやすまろ》のふるさと・多《おお》神社がある。『古事記』の神話の部分は「弥生時代の物語《ものがたり》」とも言える。『古事記《こじき》』は変体漢文体《へんたいかんぶんたい》で記されていて、「やまと言葉《ことば》(日本語)」を残した太安萬侶の功績は大きい。『古事記』のなかには、日本人・日本民族のアイデンティティがあり、悠久の和魂《わこん》(日本人固有の精神)「やまとごころ」が育まれている。「二部作《にぶさく》」として、『太安萬侶伝《おおのやすまろでん》』(対話《たいわ》形式)を発刊できたことは幸せである。田原本町は大和　真秀《まほ》ろば「弥生の王都」「古事記の里」で、日本文化の発祥の地であり、日本人の心のふるさとである。

平成三〇年八月　吉日

石井正信

目次

第一章　大和　真秀《まほ》ろば　唐古《からこ》・鍵《かぎ》遺跡「弥生の王都」

奈良県磯城《しき》郡田原本《たわらもと》町は青垣《あおがき》の山々に囲まれた大和盆地の中心にあり、大和　真秀《まほ》ろばのへそである。弥生時代、大和盆地には大和湖《やまとこ》が残り、湿地地帯で稲作に最適の場所であった。初瀬《はつせ》川(大和川)と寺《てら》川が蛇行《だこう》し、「八岐大蛇《やまたのおろち》」のように暴《あば》れ川であった。初瀬川の川辺には須佐之男《すさのお》神社が数社あり、近くに須賀《すが》神社もある。初瀬川の上流には「出雲《いずも》」の地名の集落があり、野《の》見宿禰《みのすくね》を祀っている。大和に稲作が伝播後、唐古・鍵遺跡は「拠点《きょてん》集落」として、大和盆地の盟主的な存在で、初瀬川と寺川により、多重環濠《たじゅうかんごう》集落を形成し、遺跡の中央に復元された楼閣《ろうかく》は、「弥生の王都」の風格が漂《ただよ》う。春には桜の花が咲き、豊穣を約してくれる。

一　唐古・鍵遺跡「弥生の王都」への稲作の伝播

稲作《いなさく》は長江流域を起源として、朝鮮半島を経由して伝播したとするルート、長江流域から直接伝播したという対馬海流ルート、長江から南方諸島を経由して伝播したという黒潮ルートがある。現在では長江から北九州・筑紫への直接伝播が定説となっている。北九州・筑紫からは、瀬戸内海ルートで吉備・讃岐・播磨・河内から大和へ。対馬海流ルートで出雲・丹後半島を経て大和へ。黒潮ルートで南九州・日向に入り、土佐・紀伊を経て大和へ。陸稲《おかぼ》は朝鮮半島を経由して伝播したと考えられるが、水稲は逆に、筑紫から朝鮮半島へ伝播したとも言われている。

☆二〇〇三年の国立歴史民族博物館（以下「歴博《れきはく》」）の「放射性炭素14.年代測定法」によると、

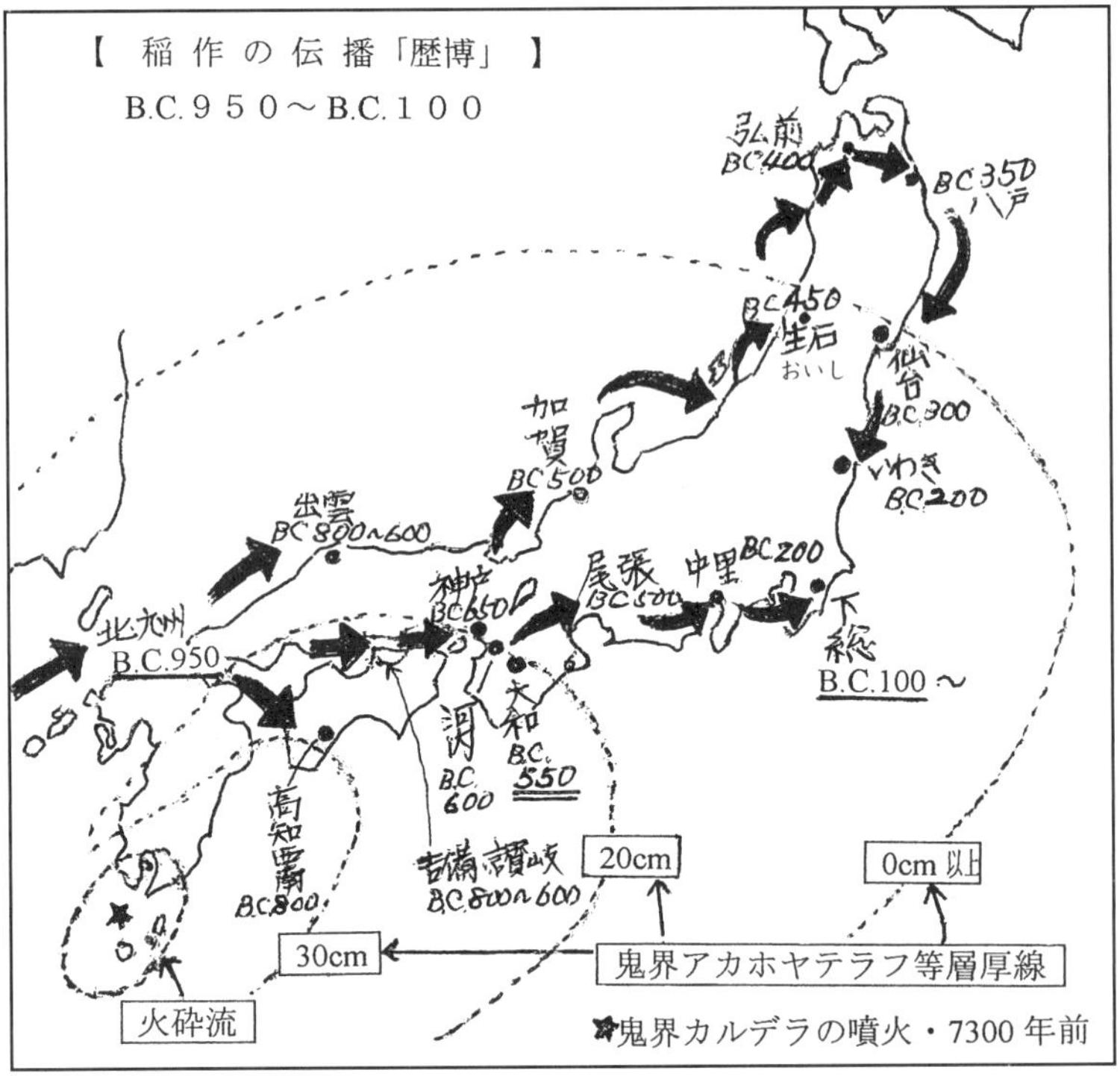

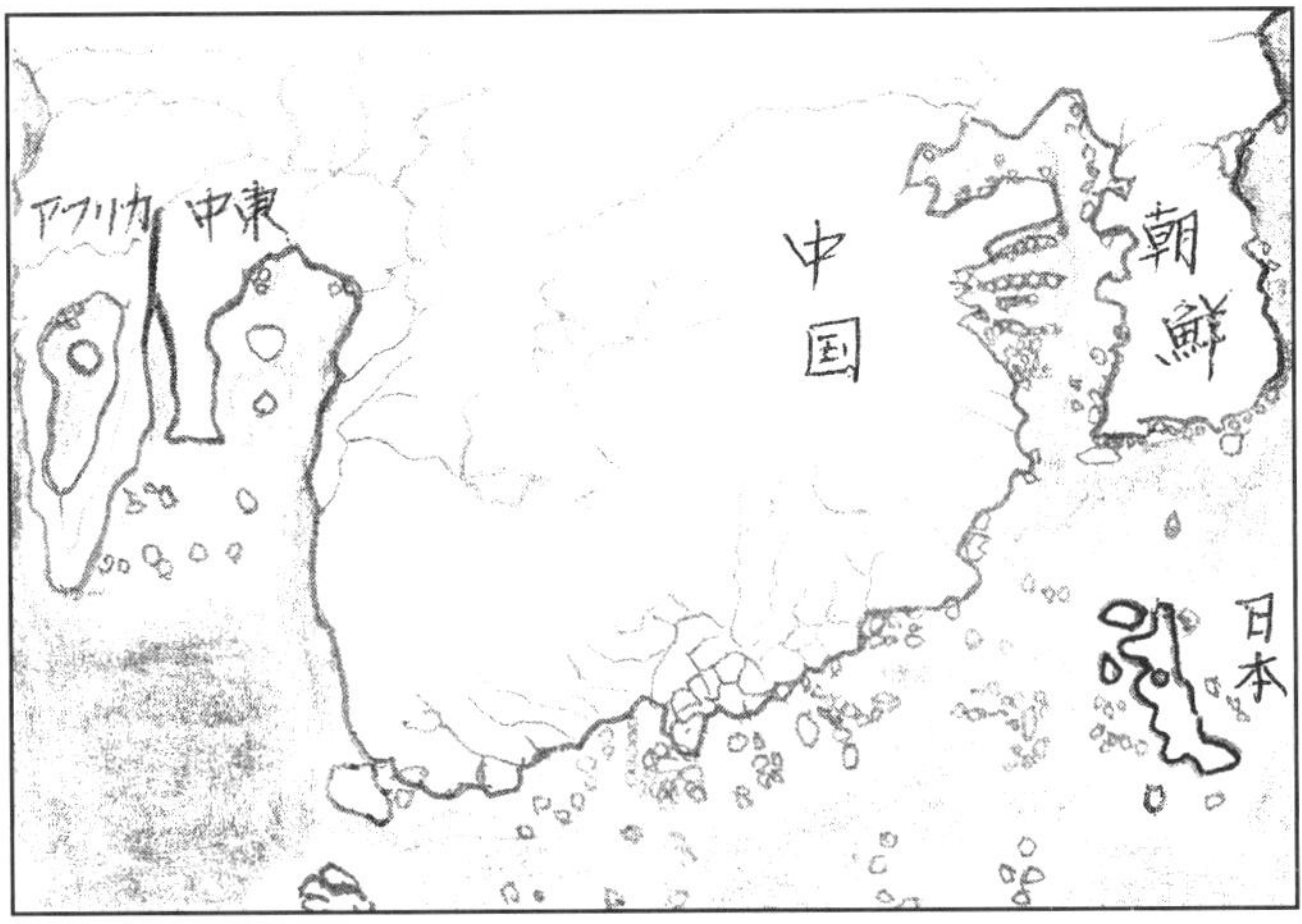

【 混一疆理歴代国都之図《こんいつきょうりれきだいこくとのず》・龍谷大学蔵 】

「紀元前九五〇年、佐賀県唐津《からつ》市の菜畑《なばたけ》遺跡に伝播《でんぱ》後、前八世紀頃に愛媛・高知と出雲・安芸《あき》、前七五〇年頃、吉備・讃岐に遠賀川《おんががわ》式土器を伴い東進。前六五〇年頃に神戸付近、前六〇〇年頃に河内潟《かわちかた》、前五五〇年頃に大和へ伝播。前五〇〇年頃、加賀・尾張に、加賀から日本海側を東進、前四〇〇年頃には弘前《ひろさき》(北限)に、前三五〇年頃に八戸《はちのへ》、前三〇〇年頃に仙台湾、前二〇〇年頃に磐城《いわき》。尾張から、前二〇〇年頃中里《なかざと》、前一〇〇年頃下総《しもふさ》へ。」各地域ごと、百年程度が縄文文化と弥生文化の共存であると考えられる。大和では前四五〇年頃から紀元元年頃まで弥生中期となる。従来、弥生時代は、B.C.五・四世紀頃からA.D.三・四世紀頃までと考えられていたが、「歴博《れきはく》」により、五百年さかのぼりB.C.一〇世紀からA.D.二五〇年頃とされた。「炭素14.年代測定法」については、今後の学会の検証課題である。【B.C.八世紀頃～が妥当か】

出雲(神門水海《かんどのみずうみ》)の斐伊《ひい》川、吉備(吉備穴海《きびのあなうみ》)の旭川、奈良盆地(大和湖)の大和川・寺川は暴《あば》れ川で氾濫を繰り返し「八岐《やまたの》大蛇《おろち》」である。何処も、肥沃《ひよく》な大地だ。須佐之男《すさのお》命は治水工事の責任者か。その証として「唐古・鍵遺跡」の大和川上流河岸沿いに、須佐之男神社が三社もある。「唐古・鍵遺跡」は、度重《たびかさ》なる大和川・寺川の氾濫により多重環濠《たじゅうかんごう》集落となっている。「唐古・鍵遺跡」から「清水風《しみずかぜ》遺跡」にかけて、自然に出来た運河が見られる。稲作など新しい技術をもった人たちは、淀川から木津川を経《へ》て、この地にたどりついた。彼らは微《び》高地の樹木を伐採し、新たな「ムラ」を開いた。奈良盆地における最初の弥生の「ムラ」の誕生である。弥生時代の中頃の大環濠は幅五～一〇㍍、深さ一・五㍍以上あり、直径四〇〇㍍前後の大規模な環濠集落を形成された。面積は約四二万㎡(ha)に及ぶ。「ムラ」の外側には幾重にも大環濠があり、幅一五〇㍍の多重環濠帯となっている。太古、盆地内は大和湖があり、奈良県磯城郡田原本町の「磯城《しき》」は岩の湖岸の意で、この辺りは湿地地帯で低くなっている。このような地形を「乢(たわ)」と言い、「本《もと》」とは「処《ところ》」のことである。「田原本」の地名のいわれである。古代、この地は山からの水が平地に溜まり、「大和湖」(淡水湖)を形成していた。平地部四〇～四五㍍と山麓《さんろく》部(山の辺道辺り)六〇㍍との高低差約二〇㍍といわれ、土地が隆起し湿地地帯となり、肥沃な大地となった。また、四方山に囲まれているため、台風の影響も少なく強い風を防ぎ夏は蒸《む》し暑く、稲作には好条件であった。平地部の中でも「唐古・鍵遺跡」は、微高地が三カ所あり、土地の高低差により斜面に恵まれていたことから、この地方に稲作がいち早く発達し、環濠集落となり、大和の拠点集落・「弥生の王都」を生み出したのである。

「唐古・鍵遺跡」の出土品には、石庖丁《いしぼうちょう》(稲穂を摘む道具)・炭化米《たんかまい》・稲束・様々な農機具があり、この地での「米作り」が実証されている。一説には、楼閣は宗教的な儀礼に使われた建物だと言われている。楼閣の屋根の渦巻きは縄文式土器に見られ、「太陽の象徴」とも思われる。この装飾からは、五穀の豊穣や「ムラ」の安泰を願う祭祀との関わりがある。楼閣の手摺《てす》りに留まっている三羽の鳥は、瑞穂《みずほ》の国の豊作の象徴でもある。

一九〇一年、唐古・鍵遺跡は高橋健自《けんじ》氏により学界にはじめて報告されて以来、多くの調査

・研究がなされてきた。一九三六・三七年に行われた末永雅雄《すえながまさお》博士らによる唐古池の発掘調査は、その後の弥生時代研究の基礎が築かれた。一九七七年から本格的な発掘調査が開催され、現在まで継続されている。この遺跡の名前も、一九七七年に「唐古・鍵遺跡」と統一された。

二　弥生時代の倭国《わこく》と魏《ぎ》・蜀《しょく》・呉《ご》の三国

倭国《わこく》の「ワ」は「わが国」の意か、環濠《かんごう》の「環《わ》(輪)」の意か。「倭《わ》」は「従《したが》うさま」とか。「くねくねと遠い」の意か。倭国の「倭」の字を用いたのは中国である。「大和」の字に変えたのは日本人である。邇芸速日命《にぎはやひのみこと》の治《おさ》めていた倭《やまと》(山処《やまと》)は、天津日高日子番能邇々芸命《あまつひだかひこほのににぎのみこと》の子孫《しそん》・神武《じんむ》天皇により、長髄彦《ながすねひこ》等と土蜘蛛《つちぐも》達が鎮《しず》められた。土蜘蛛は高地性集落が住処《すみか》であり、倭国の大乱の先駆けという説もある。神武の東征は、大和に稲作が東進後の弥生中期の終りであろう。

『後漢書《ごかんじょ》』の倭国《わこく》は筑紫《つくし》にあり、倭国王は帥升《すいしょう》であった。倭国の大乱後、二〇一年、楯築王《たてつきおう》等により女王・卑弥呼が共立された。共立後の倭国《わこく》は西日本の三〇カ国である。二三八年、魏の司馬懿《しばい》により楽浪《らくろう》郡・帯方《たいほう》郡が摂取《せっしゅ》されたので、倭国の女王は魏と朝貢した。

★『三国志』『魏書《ぎしょ》』「烏丸鮮卑東夷伝倭人《うがんせんぴとういでんわじん》の条」(略『魏志倭人伝《ぎしわじんでん》』)陳寿《ちんじゅ》(二三三～二九七)

五七年『後漢書《ごかんじょ》』光武帝《こうぶてい》より「漢委奴国王《かんのわのなこくおう》」の金印を授《さず》かる。【「委奴国《わのなこく》」or「委奴国《いとこく》」】

一〇七年『後漢書』倭王「帥升《すいしょう》」等、遣使、生口《せいこう》献上。
☆倭国の大乱　一四六～一八九『隋書《ずいしょ》』一七八～一八四『梁《りょう》書』『北史《ほくし》』【孝霊天皇の御代】
一八四年　黄巾《こうきん》の乱　曹操《そうそう》（魏の武帝《ぶてい》）が鎮定。融和政策・曹操軍の先方隊として働く。
　☆儒教的思想観より道教的思想観・太平道《たいへいどう》（呪術）が主流。倭国の鬼道と相通ずる。
二〇一年　倭国　卑弥呼を女王として共立する。【吉備の楯築《たてつき》王の主導か】
　朝鮮半島の抗争に対処か。◎【倭国は西日本に拡大、女王の都とする処・邪馬臺国】
二〇四年　公孫度《こうそんど》《こうそんたく》没、公孫康《こうそんこう》、帯方郡の設置。公孫氏《こうそんし》が遼東を支配。
二〇八年　赤壁の戦い。魏と呉・蜀の連合軍の戦い。曹操、孫権《そんけん》・劉備《りゅうび》に敗れる。
二二〇年　魏の曹操没、曹丕《そうひ》（文帝《ぶんてい》）、魏の建国、都・洛陽《らくよう》　★後漢滅亡。
二二一年　劉備《りゅうび》、蜀の建国・劉備《りゅうび》の「三顧《さんこ》の礼《れい》」諸葛亮《しょかつりょう》（諸葛孔明《しょかつこうめい》）（一八一～二三四）
二二二年　孫権《そんけん》、呉の建国、都・建業《けんぎょう》（南京《なんきん》）
二二三年　劉備没、劉禅《りゅうぜん》継ぐ。孔明、劉禅《りゅうぜん》を助け、再び呉と結んで魏と抗戦。
二二六年　魏の曹丕《そうひ》（文帝）没。曹叡《そうえい》（明帝《めいてい》）即位、司馬懿《しばい》が補佐。
二三四年　五丈原の戦い。対陣中、諸葛亮《しょかつりょう》病没、「死せる孔明《こうめい》、生ける仲達《ちゅうたつ》を走らす」
二三八年☆司馬懿《しばい》、遼東半島に転戦。公孫淵《こうそんえん》を滅ぼし楽浪・帯方郡を摂取《せっしゅ》。【陳寿は六歳】
二三九年一月　魏の曹叡《そうえい》（明帝）没、曹芳《そうほう》即位　☆六月　倭の女王、大夫難升米《なしめ》等派遣。
（景初三年十二月）　倭の女王に『親魏倭王《しんぎわおう》』金印紫綬、難升米《なしめ》に率善《そつぜん》中郎将、都市牛利《としごり》

に率善校尉《そつぜんこうい》、遣使に銀印青綬、☆魏は呉と抗戦状態にあり、倭国を厚遇《こうぐう》する。
二四三年　倭の掖邪狗《ややく》等、訪魏。生口・貢物。
二四五年　難升米《なしめ》に帯方郡を通じて黄色の軍旗を賜る。
二四七年　卑弥呼、狗奴国《くなこく》と抗争。張政《ちょうせい》・顧問団を派遣。
二四八年　卑弥呼没、十三歳の臺與《とよ》（宗女）を立てる。国が治まる。
☆卑弥呼の死「以て死す」告諭により没した。大きな冢《ちょう》（塚）を作った。
二六三年　蜀の滅亡、　二六五年　魏の滅亡、司馬炎《しばえん》（西晋武帝《せいしんぶてい》）即位、西晋《せいしん》朝を建てる。
二六六年　臺與《とよ》、朝貢。　二八〇年　呉の滅亡、司馬炎が呉を滅ぼし、天下統一。陳寿、『三国志』の撰を手がける。二九七年　陳寿没、享年六十五歳。

【三国の関係図・著者作】

帯方郡《たいほうぐん》↓南へ南へ↓卑弥呼『親魏倭王』↓【倭　国】★呉への牽制か。一七〇〇〇里
遼東半島・楽浪郡《らくろうぐん》　司馬懿《しばい》　帯方郡から一二〇〇〇里
→　←
【魏】曹操《そうそう》・曹丕《そうひ》・曹叡《そうえい》・曹芳《そうほう》　【呉】孫権《そんけん》・孫亮《そんりょう》・孫休《そんきゅう》・孫晧《そんこう》
≡　【同盟関係】
【西晋】司馬懿《しばい》・司馬師《しばし》・司馬昭《しばしょう》・司馬炎《しばえん》　【蜀】劉備《りゅうび》・劉禅《りゅうぜん》・諸葛亮《しょかつりょう》（諸葛孔明《しょかつこうめい》）
←　→
中央アジア・クシャーナ朝大月氏『親魏大月氏王』↓【大月氏国《だいげつしこく》】★蜀への牽制か。一六三七〇里

洛陽から帯方郡まで五千里。帯方郡から伊都国までの距離・壱万五百里が誇張されている。帯方郡より女王国まで壱万二千餘里。壱万五百里を引くと伊都国から女王国まで千五百里。

『魏志倭人伝』は、二八〇～二九〇年頃の陳寿(西晋)の撰で、魚豢《ぎょかん》の『魏略《ぎりゃく》』を参考にしている。【王沈《おうしん》の『魏書』が手本と言う説もある】二六三年に蜀が滅び、陳寿は、三一歳で蜀から魏の司馬炎に仕えた。二六五年、晋となり張華に引き立てられる。司馬氏(司馬懿《しばい》・司馬昭・司馬炎)の楽浪・帯方郡を摂取等の功績への配慮から、呉国への牽制として、東南の大海の大国・倭国を九州から本州(秋津島)を南方へ南方へとし、人口も誇張されている。魏にとって倭国は、西南の魏の朝貢國・「大月氏国」に比する大国でなくてはならない。

三　『魏志倭人伝』の倭国の邪馬臺国《やまたいこく》・女王国への行程

「邪馬壹《いち》国」については、『後漢書』等から「邪馬臺《たい》国」が通説となっている。

(一)帯方郡《たいほう》から邪馬臺国《やまたいこく》までの行程

帯方郡《たいほう》→狗邪韓国《くやかんこく》→対海(馬)国→一大国《いちだいくに》(一支)(壱岐)→末盧国《まつらこく》(松浦・唐津)→伊都国《いとこく》(前原市)→奴国《なこく》(博多区)→不弥国《ふみこく》(宇美)→南、水行二〇日→投馬国《とうまこく》→南、水行一〇日・陸路一ヶ月→邪馬臺国(大和)。「国」は「邑」の意である。『魏志倭人伝』に記述されている倭国の各国(各邑)の戸数から考察する。対馬国から不弥国までの二万八千戸、投馬国の五万戸、邪馬臺国の七万戸と、その他の国の四万二千戸で合計一九万戸、一戸に五人と住んでいたと考えると九五万人となる。三世紀の倭国の総人口は三百万人。九州地方に九五万の人がいたとは考えられない。ちなみに、奈良時代の九州の推定人口は七〇万人である。『魏志倭人伝《ぎしわじんでん》』に記述されている各国(各邑)の戸数が誇張されていて、少々、無理があるように思われる。『旧唐書《くとうじょ》』からは、邪馬臺国が肥国と倭（大和）国にあったとも考えられる。

末盧国《まつろこく》は海人で男女を問わず、水の浅い深いは関係なく素潜《すもぐ》りで海の幸（鮑や魚）を捕る。身を守るために顔（鯨面《げいめん》）や胸に入れ墨をしている。四千餘戸。帯方《たいほう》郡から末盧国《まつろこく》まで壱万里。東南に陸行すること五百里。伊都国《いとこく》（福岡県前原市）に至る。千餘戸（『魏略《ぎりゃく》』・壱万餘戸）伊都国《いとこく》の平原《ひらばる》遺跡から、後漢の鏡「内行花文鏡《ないこうかもんきょう》」（直径四六・五㎝）が出土している。倭国の中心か。

さらに、奴国《なこく》（福岡市博多区）に至ること百里。二万餘戸とあり、筑紫国の中心である。一七八四年、博多湾の志賀島《しかのしま》で、村民の甚兵衛が水田の境界の溝を掘っているとき、小さな石の列を発見し、その列を掘りつめていくと、光武帝より賜った「漢委奴国王《かんのわのなのこくおう》」の金印が発見された。銘には委奴国《わのなのこく》説と委奴国(伊都国《いとこく》)説がある。委奴国《わのなのこく》説の「委《わ》」は「倭《わ》」の減筆か。

さらに、東に百里。不弥国《ふみくに》（宇美《うみ》辺りか）に至る。千餘家。不弥国《ふみくに》までは北九州の筑紫国である。ここまでは、国名と地名等から現在地が比定されている。末盧国から不弥国《ふみくに》までの北九州地方の倭国連合の国際港は博多湾となる。末盧国も四千餘戸という記述がある。遺跡の所在する住居は四千餘戸はない。不弥国から、南に水行二〇日で投馬国《とうまこく》に。さらに、南に水行一〇日、陸路一ヶ月で邪馬臺国《やまたいこく》とある。「陸路一ヶ月」は「陸路一日」が通説である。

（二）方位と「東遷説《とうせんせつ》」倭国連合共立体制

現在の地図と照らし合わせてみると、『魏志倭人伝』の記述どおり南方に海路をとると、奄美大島を遙か越えて南方の海の上に至る。九〇度、回転して南方を東方と考えると近畿地方になる。南方を東方とする論拠として、一四〇二（明の建文四）年、李氏朝鮮で作成された現存最古の世界地図・『混一疆理歴代国都之図《こんいつきょうりれきだいこくとのず》』（一〇頁参照）がある。疆理《きょうり》とは「領土の境を分ける」の意である。この地図は筑紫国を北に九〇度、回転した南北に長い国として、日本列島が描かれている。当時の魏国の人々も、この地図のように日本を北九州を最北端として南に広がると考えていたのか。その後、日本に渡来し、方位の違いに気づいたが、呉と交戦状態にある魏にとって訂正したのでは呉への牽制《けんせい》にならないと考え、作為的に東方を南方としたと考えられる。事実、呉国も脅威を感じ家臣に倭国を調査するよう命じている。しかし、命令に従わなかったので殺害したとか。『東夷伝』の序文には、魏の司馬懿《しばい》が遼東を支配していた公孫淵《こうそんえん》を滅ぼし、楽浪郡帯方郡を摂取《せっしゅ》したとあり、呉と抗争状態にある魏にとって、南に倭国があることは呉に対する牽制となる。そこで、陳寿は司馬懿《しばい》の功績への配慮して、呉《ご》の牽制《けんせい》のために東方を南方へ南方へと記述したものと考えられる。【陳寿の作為《さくい》的な記述か。一五頁の関係図参照】

倭国は最初、北九州（奴国・伊都国）の小国であったが、朝鮮半島の緊迫した状況下で倭の勢力拡大のため、女王を共立し、倭国は九州から西日本の広範囲となっていた。陳寿の作為的な記述により、邪馬臺国《やまたいこく》・女王が都する所は呉に対する牽制として南の大海としたのである。

火の国・九州は阿蘇の一八回もの噴火や七三〇〇年前の鬼界アカホヤ噴火（一〇頁参照）。火山帯は鬼界カルデラ・霧島山・阿蘇山・三瓶山《さんべさん》・大山へと続く。鬼界アカホヤ噴火により、薩摩では火砕流により人々は死滅した。宮崎等九州中南部・高知・瀬戸内の人々は生活圏の移動により、筑紫《つくし》・朝鮮・出雲・東日本に避難を余儀なくされた。とはいえ、縄文時代中期(四三〇〇年前)の中心は東日本であり、人口二六万人うち西日本の人口はわずか四%弱であった。火山灰が収まると朝鮮からは人々が帰還した。筑紫が過密状態になり、筑紫から阿蘇山麓、熊本・大分・日向へ。さらに、出雲・瀬戸内の西日本に移り住んだ。縄文の終わりに稲作が筑紫の菜畑《なばたけ》遺跡(紀元前九五〇)に伝播し、出雲・神門水海《かんどのみずうみ》(須佐之男《すさのお》)・吉備・吉備穴海《きびのあなうみ》(前七五〇)・讃岐・河内潟《がた》・大和湖(邇芸速日命《にぎはやひのみこと》)(前五五〇)へと伝播する。稲作の伝播後、弥生時代の中期の終わり（紀元前七〇年頃)、「神武の東征」が行われたか定かでない。神武から崇神まで一〇人の天皇であること、崇神天皇を古墳時代の最初の天皇として、逆算しての年代である。私は、『日本書紀』のB.C.六六〇年の建国は、別の意味で尊重したらよいと考えている。

「天孫降臨の地」の日向(瓊瓊杵尊《ににぎのみこと》)は二〇%弱がシラス台地で稲作には適していない。

そこで、神武は同族の邇芸速日命《にぎはやひのみこと》のいるヤマトへの東征を考えた。倭国の本拠地・筑紫の岡田宮に寄り、倭国王と談合し、軍備を整え、阿岐《あき》の多祁理宮《たけりのみや》に七年、吉備の高島宮に八年、河内潟の日下《くさか》の蓼津で敗退、熊野・宇陀を経て大和の反勢力を鎮定し、橿原宮。弥生の前・中期は、吉備穴海《きびのあなうみ》も浅瀬であり、東遷の船は河川・海岸往来の小型の準構造船であった。「唐古・鍵遺跡」は大和の拠点集落で、大和湖の湖岸の微高地で湿地帯、稲作の最適地であった。倭国は、筑紫・吉備・讃岐の主導で西日本を倭国連合とし勢力の拡大を図ったのである。

（三）「投馬国《とうまこく》」は「吉備・讃岐」、「邪馬臺国《やまたいこく》」は「河内・大和」

二〇一六年六月、「青丹吉寧楽《あおによしなら》から玉藻吉讃岐《たまもよしさぬき》へ」備讃瀬戸を訪れた。梅雨入り、マリンライナーの車窓からの景色は、霧が立ちこめ幻想的だ。美しい瀬戸の風景を見ていると、「玉藻吉《たまもよし》讃岐國者《さぬきのくには》　國柄加《くにからか》　雖見不飽《みれどもあかぬ》　神柄加《かみからか》　幾許貴寸《ここだ、たふとき》　天地《あめつち》　日月與共《ひつきとともに》　満将行《たりゆかむ》　神乃御面跡《かみのみおもと》・次来《つぎきたる》」（万葉集二二〇）、柿本人麻呂の歌が懐かしく思い出される。（一五一頁の写真参照）

瀬戸内海は潮の流れ、風待ち等で日数がかかり、水行二〇日で、筑紫から吉備国（広島県福山市）の鞆《とも》の浦《うら》へ。吉備穴海《きびのあなうみ》は浅瀬のため、大型外洋準構造船は立ち寄れない。鞆の浦(吉備)から備讃瀬戸を島から島に航海する。備讃瀬戸の風向きは春(秋)は東(西)風が吹くので、島の西(東)側を航海する。鞆《とも》の浦《うら》から備讃瀬戸を香川県三豊市詫間《たくま》町に至る。備讃瀬戸の島々には投（松？）が生育して、美しい島々が点在する有り様を見て、「投馬」と表現したか。美しい穏やかな海に投げ入れたように島が浮かんでいる。「投《とう》」が「島《とう》」、「馬《ま》」が「間」で「島と島の間」の意か。吉備と讃岐、備讃瀬戸。吉備・讃岐は大和と密接な繋がりが。投馬国の「馬」と邪馬臺国の「馬」は、同じで悪い意味の漢字として使われている。また、鞆《とも》の浦から詫間《たくま》への「投馬」とも。「鞆《とも》の浦《うら》」の「鞆《と》」「浦《う》」から「投《とう》」、「詫間《たくま》」の「間《ま》」から「馬《ま》」となる。

この地は、一九五五年（昭和三〇）年の第一次、五六年の第二次、五七年の第三次、京大の小林行雄《ゆきお》氏により調査された「紫雲出山《しうでやま》遺跡」がある。遺跡は、弥生中期から末期への土器の変遷を明らかにした。この遺跡の土器群は岡山県のものより近畿に近い内容のものである。また、殺傷能力の強い石鏃《せきぞく》（中期前葉に近畿地方で開発されたもの）が三二一点も発見された。紫雲出山の乱は讃岐国内の備蓄米《びちくまい》の争奪《そうだつ》で、弥生時代中期のことである。

詫間(紫雲出山遺跡)は瀬戸内海航路を監視し、掌握するには最高の拠点である。壬申《じんしん》の乱の後、六六七年、対馬に金田城《かなたのき》、大和に高安城《たかやすのき》、讃岐国に屋島城《やしまのき》を築き、瀬戸内の防備の強化を図っている。鞆《とも》の浦《うら》から詫間《たくま》への航路は航海しやすく軍事的にも重要であった。私は鞆の浦(吉備国)、吉備児島(吉備国)、備讃瀬戸、詫間(讃岐国)・高松、阿波国の西部を投馬国・五万餘戸と考えている。

さらに、水行一〇日、讃岐の庵治の辺りから小豆島に渡り、家島諸島を経由し、播磨の室津《むろつ》、加古川（日岡古墳群・日岡神社）辺りの播磨国の沿岸沿いに、河内潟の日下《くさか》に上陸したと考えられる。さらに、陸路「一日」で、大和川をさかのぼり、亀の瀬から邪馬臺国（大和）に至る。「陸路一ヶ月」は「陸路一日」が通説となっている。私は大和盆地と河内湖周辺、山科《やましな》の南部の広範囲を邪馬臺国・七万餘戸と考えている。洛陽と同じ人口とし、誇張されたものか。
☆ここで、日本海ルートを考察してみよう。不弥国（筑紫）から対馬海流に乗り投馬国(出雲国)へ、さらに水行一〇日で久美浜から福知山・京都を経て大和に入る説と、丹後半島を周り、若狭から京都を経て大和に入る説がある。だが、『魏志倭人伝』には水行から陸路に変わった時点で方位の変更がない。水行一〇日・陸路一ヶ月と記されているだけである。実際には水行と陸路では方位が九〇度変わる。陸路一ヶ月を要しない。

日本民族は海人族であり、磐座《いわくら》信仰で大和盆地を治めた大物主命・和御魂《にぎみたま》（三輪山・大神神社）と金比羅権現には瀬戸内海を治めた大物主命・荒御魂《あらみたま》が祀られていて、陸と海の国造りで、大和国と讃岐国は深い関係にあったことが考えられる。讃岐の一宮・田村神社には倭迹迹日《やまとととひ》百襲姫命《ももそひめのみこと》が祀られている。倭国の大乱の平定後、倭国は三十カ国の結束を深め、倭国の主要国(投馬国と筑紫)が話し合い女王を共立し、倭国の勢力拡大となった。

四　倭国の大乱と倭国の西日本への勢力拡大

倭国の大乱は二世紀の半ばから後半（一四六年頃から一八九年頃まで）【一・二・三期】

異常気象(洪水・干魃)による備蓄米の奪い合い・集落と集落の抗争(一期)から各地の首長争い(二期)が起こり、孝霊天皇の御代の中国地方の高地性集落の鎮定(第三期)である。

孝霊《こうれい》天皇の御代、孝霊天皇をはじめ、皇女・倭迹迹日百襲姫命、皇子・吉備津彦命《きびつひこのみこと》と若建《わかたけ》吉《き》備《び》津《つ》彦命等の活躍で、倭国の大乱は一八五年頃に終結した。倭国の大乱とは、大和・河内・筑紫国からはじまり、中国地方の西日本の高地性集落の鎮定をいう。

倭国大乱　【孝霊《こうれい》天皇】（出雲を治める。青谷上寺地《あおやかみじち》遺跡から人骨の殺傷痕）
第三期　←　伯耆《ほうき》・楽々福《ささふく》神社・高杉神社・孝霊山　（妻木晩田《むぎばんだ》遺跡）
孝元《こうげん》天皇【倭迹迹日百襲姫命・彦五十狭芹《いさせり》彦命・若建吉備津彦命《わかたけきびつひこのみこと》】
←（西海へ）水主《みずし》神社（☆西道へ・吉備）（讃岐・女木島）
開化《かいか》天皇　【大彦命《おおびこのみこと》】孝元の皇子（☆北陸へ・越）↓武埴安彦命《たけはにやすびこのみこと》
←　←　の謀反《むほん》
□□□↑【崇神《すじん》天皇】【武渟川別命《たけぬなかわ》】（☆東海へ）
・大彦命と武渟川別命の親子の会った場所を会津《あいづ》という。
←
【丹波道主命《たにわのみちぬし》】（☆丹波へ）☆『日本書紀』で四道将軍。四道は後の世に呼ばれた。

鳥取県鳥取市青谷町《あおやちょう》の「青谷上寺地《あおやかみじち》遺跡」では多くの人骨が発見され殺傷痕が残っている。孝霊天皇が伯耆《ほうき》国の大乱を治めたと言われている。楽々福《ささふく》神社他一一社は孝霊天皇が祭神である。倭迹迹日百襲姫命は西海《にしのうみ》の鎮定のために讃岐に派遣される。姫は八歳で「馬篠《うましの》」に空船《うつぼぶね》で着き、東行して「安堵」に、巡幸して「水主《みずし》」に居を定め「大内《おおち》」（皇居の意）とした。「水主」とは水の精霊《せいれい》の意である。百襲姫命は「水の精霊」と交信し、この地を治めたと言われている。

二〇一七年九月、私は水主神社に参拝する。「大内」に神社があり宮司様の姓も大内である。正殿の裏には姫を見守るように孝霊天皇の社がある。さらに、姫は讃岐国を西進し香東《こうとう》川の河原に到る。そこは「湧水《ゆうすい》」・「出水《でずい》」がある。田村神社（讃岐国の一宮）の東方百メートルには、姫が憩《いこ》んだ「休み石」があり、田村神社伝によると境内《けいだい》西端の湧き水・花泉《はなのい》は姫が手を洗った処で、境内東端の袂井《たもとい》は姫が熱病に罹った時、侍女が袂を濡らし水を賜った場所と言われている。天降り神の南二㎞にある御旅所のあとは「天降田村大神」の現われた地とか。百襲姫命は神社の祭神で御蚊帳《おかちょう》神事も水の神と習合である。神社の境内には、龍神が随所に祀られている。

岡山県総社市の「鬼ノ城《きのじょう》」は四道将軍の吉備津彦命と若建吉備津彦命が平定し、百済の皇子・温羅《うら》に替わって吉備津彦命が治めた。吉備津彦命は、吉備の平定後、高梁川を北上し、伯耆の日野川の上流に遠征して、再度、鬼退治に行っている。孝霊天皇が西国巡行で隠岐島から伯耆国の鬼退治をした処で、天皇が大和に帰京後に、伯耆国で反乱が起こっていたのだ。吉備津彦の伯耆国の平定は出雲国の監視に繋がる。遠征後は、吉備国を治めている。【吉備津神社】

吉備津彦命と共に、吉備を平定した弟の若建吉備津彦命は姉を助けるために讃岐に渡り、女木島《めきじま》（鬼ヶ島）に海賊（鬼）を退治した。「鬼無《きなし》町」には熊野権現桃太郎神社がある。大和と吉備・讃岐の結束が深まると、若建吉備津彦命は讃岐国から播磨国に渡り居着いた。大毘古命《おおびこのみこと》を北陸に派遣し、その子の建沼河別命《たけぬなかわわけのみこと》を東方の十二国に派遣し平定させた。また、日子坐王《ひこいますのみこ》を丹波国に派遣し平定した。『日本書紀』の四道将軍の派遣である。【鬼ノ城・一〇〇頁参照】

高地性集落・青谷上寺地《あおやかみじち》遺跡からは殺傷性の高い武器が出土している。人骨に槍の刺さった跡、石鏃等の傷跡が残っている。このことは「倭国の大乱」の凄《すご》さを物語っている。

五　大和　真秀《まほ》ろば　「弥生の王都」

村井康彦《やすひこ》氏は唐古・鍵遺跡・清水風遺跡を奴佳鞮《なかと》とし、邪馬臺国(ヤマト)の中心としている。『魏志倭人伝』の記述の四官は村井康彦氏の論では、次のようになる。

伊支馬《いいこくまめ》	物部氏	生駒	菅原伏見陵	垂仁天皇	活目入彦五十狭茅《いくめいりびこいさち》天皇（北西部）
弥馬升《みますす》	鴨氏	葛城	掖上宮	孝昭天皇	観松彦香殖稲《みまつひこかえしね》天皇（南西部）
弥馬獲支《みまかし》	大神氏	石上から三輪山麗		崇神天皇	御間城入彦五十瓊殖《みまきいりびこいにえ》天皇（東　部）
奴佳鞮《なかと》	中臣氏	唐古・鍵遺跡		倭迹迹日百襲姫命（女王　卑弥呼）	（中央部）

「奴佳鞮」とは「唐古・鍵遺跡」であり、「弥生の王都」である。前述したように、『魏志倭人伝』の七万餘戸は、大和盆地の中の佐紀、平等坊・岩室、「唐古・鍵」、保津・宮古・多、芝、坪井・大福・四分・一町・鴨津波の拠点集落として、衛星集落も含めた奈良盆地全体と、

河内湖に面した難波・摂津・和泉・河内も含め、邪馬臺国(ヤマト)である。河内潟は邪馬臺国の玄関口である。拡大解釈しても七万餘戸となるか。戸数・七万餘戸は洛陽《らくよう》の人口に匹敵し、誇張された陳寿の作為があるとも言われている。前述したが、「邪馬臺国」の「臺」は、古代国語の音韻では「ト」の乙類であり、『古事記』では「夜麻登」と記する。「登」は、古代国語の音韻では、「ト」の乙類である。それ故、「邪馬臺」は「ヤマト」とも読める。

私は度重《たびかさ》なる河川の氾濫で、上流の纒向遺跡・太田微高地《びこうち》に倭国の都を遷したと考えている。『古事記』によると、崇神天皇は師木《しき》の水垣宮《みずかきのみや》、垂仁天皇は師木《しき》の玉垣宮《たまかきのみや》、景行天皇は纒向の日代宮《ひしろのみや》とある。どの宮も纒向遺跡に近い。「師木《しき》・磯城《しき》」は大和湖の岩湖岸の意である。

歴博は放射性炭素14.年代測定法により、弥生時代後期は紀元元年から二四〇・二五〇年頃まで、弥生時代の末期は一五〇年から二五〇年までとし、古墳時代が二五〇年以降とした。二一〇年頃という説まである。プラスマイナス四〇年の誤差あり、信憑性が問われている。

炭素14.年代測定法より、箸墓古墳(箸中山古墳)は古墳時代初頭二五〇年とされた。宮内《くない》庁が箸墓《はしはか》古墳(大市墓《おおいちのはか》)は「倭迹迹日百襲姫陵」と比定している。この陵の後円部は、『魏志倭人伝』に記述されている卑弥呼の冢《ちょう》「径百余歩」と後円部の約一四四メートル余が一致する。

箸中山《はしなかやま》古墳はプラスマイナス四〇年の誤差から二六〇年〜二八〇年で臺與《とよ》の墓という説もある。『魏志倭人伝』には、魏の明帝より、二三九年（景初三年）に、卑弥呼を「親魏倭王《しんぎわおう》」とし、「金印紫綬」（金印朱綬に次ぐ三番目）を与えたとある。当時、魏は呉・蜀と交戦中であり、呉の牽制するために、手厚くもてなした。また、卑弥呼の没が二四八年とされ、卑弥呼の墓が造られている。卑弥呼の死後、男帝が治めたが乱れ、宗女、臺與《とよ》（壹與《いよ》）を擁立するとある。大和国条里復元図の坪名に、「伊与戸《いよと》」の地名があり、壹与《いよ》のふるさとかも。興味深々である。

【臺與《とよ》(壹与《いよ》)は豊鍬入姫命《とよすきいりひめ》とか】　百襲姫命は女王・卑弥呼であるか、定かでない。百襲姫命は孝霊天皇の皇女として黒田宮で生まれる。百襲姫命は「桃太郎」こと吉備津彦命の姉である。黒田宮から二キロ東に「唐古・鍵遺跡」。この遺跡から二キロ東が大和神社・黒塚《くろつか》古墳がある。黒塚古墳からは三十三面の三角縁神獣鏡が出土。「唐古・鍵遺跡」の西南に鏡作神社が五社あり、鏡作部が存在する。「唐古・鍵遺跡」の南側には、「青銅器製錬跡」が確認されている。

卑弥呼は鬼道により、多くの国難を治めたとある。崇神天皇の御代は内憂外患で「大和には疫病がはやり、宮殿内に天照大御神《あまてらすおおみかみ》と倭大国魂神《やまとのおおくにたまのかみ》を「同床共殿《どうしょうきょうでん》」として祀っていることが災いしている。」と言われ、檜原《ひばら》神社と大和《おおやまと》神社に分けて、別々の処で祀ることにした。天照大御神は倭の笠縫邑《かさぬいむら》の檜原《ひばら》神社に豊鍬入姫命《とよすきいりひめのみこと》により祀られた。他に笠縫邑は、田原本町新木の姫大神《ひめおおかみ》、桜井市の笠山荒神社《かさやまこうじんじゃ》がある。現在、檜原神社が「元伊勢《もといせ》」と呼ばれている。

古墳時代（前方後円墳）の始まりは三世紀の半ばである。二四九年、卑弥呼没を古墳時代の始まりであるとし、箸中山古墳の造成は前方後円墳の最初のものであるが、三世紀後半で臺與や崇神天皇の墓という説もある。箸中山古墳は壬申の乱の激戦地となっていて、倭の聖地か。前方後円墳は全国で四千八百基《き》を数える。大和では箸中山古墳のある纒向古墳群と柳本《やなぎもと》古墳群（崇神《すじん》陵・景行《けいこう》陵等）とがある。さらに、河内の古市古墳群（応神《おうじん》陵等）、百舌鳥《もず》古墳群（仁徳《にんとく》陵・履中《りちゅう》陵等）、吉備（造山《つくりやま》古墳・作山《つくりやま》古墳・両宮山《りょうぐうざん》古墳）・讃岐には百を超える小規模の前方後円墳がある。但馬《たじま》も大和王権の中にあり、池田古墳・城ノ山古墳がある。だが、出雲には一基のみである。古墳時代、出雲は大和と密接な繋がりがない。

出雲から越《こし》の国への墳丘墓は、弥生時代からの「四隅突出型墳丘墓《よすみとっしゅつがたふんきゅうぼ》」である。不思議なことに、出雲と越の間の若狭《わかさ》國には四隅突出型墳丘墓がない。若狭は大和の支配下であったことを意味しているのか。神功皇后が仲哀天皇のために、石棺の石を石作連大來《おほく》を率いて讃岐の羽若の石を求めたことが、『播磨《はりま》風土記（印南《いなみ》の郡）』に記されている。【国分寺町の石船八幡宮】

前方後円墳の形は「壺の形」で神仙思想であるとか、卑弥呼になぞらえ、「女性の形」・「手鏡の形」とか。様々な仮説があるが、私は、後円の円形は「天」を表し、前方の方形は「地」であると考えている。それ故、「祭政一致」の場となったのである。

六　絵画土器は語る『弥生人のメッセージ』

文字の確立していない弥生時代の人々は、絵画により、後世の私たちに、何かを伝えたかったに違いない。古代の弥生の衣食住の生活文化、楼閣のこと、米作りのこと、狩猟漁撈のこと、動物たちのこと、祭りのことがタイムスリップしたようにわかる。特に、「渦巻き飾りの楼閣」「手を挙げる鳥装の巫女《みこ》」「ゴンドラ形の外洋準構造船」「持衰《じさい》」等は、「唐古・鍵遺跡」が、倭国の拠点《きょてん》集落・「弥生の王都」であるという「弥生人のメッセージ」と考えられる。

（一）渦巻き飾りの楼閣・「弥生の王都」

一九九二年、楼閣絵画土器が発見され、一九九四年、国道二四号線沿いの唐古池の南西の端に楼閣が復元された。楼閣絵画土器は運河で繋がっている清水風遺跡でも発掘されている。このことは、「ムラ」の南と北に楼閣（楼観《ろうかん》）（「ムラ」の見張り台）があったとも考えられる。北入口は川の下流であり、見通しがよいので二階建て、南入口は川の中流で、辺りに樹木もあり、見通しがきくように三階建てと考えられる。

【唐古・鍵遺跡・清水風遺跡の楼閣片】

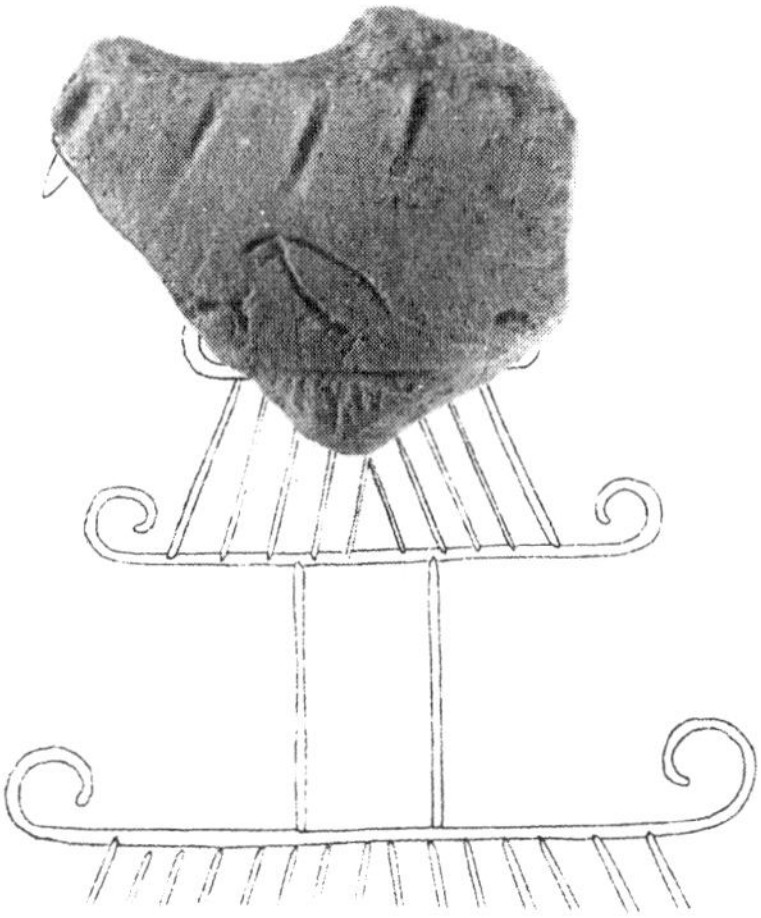

○鳥がとまる楼閣（清水風遺跡第二次）

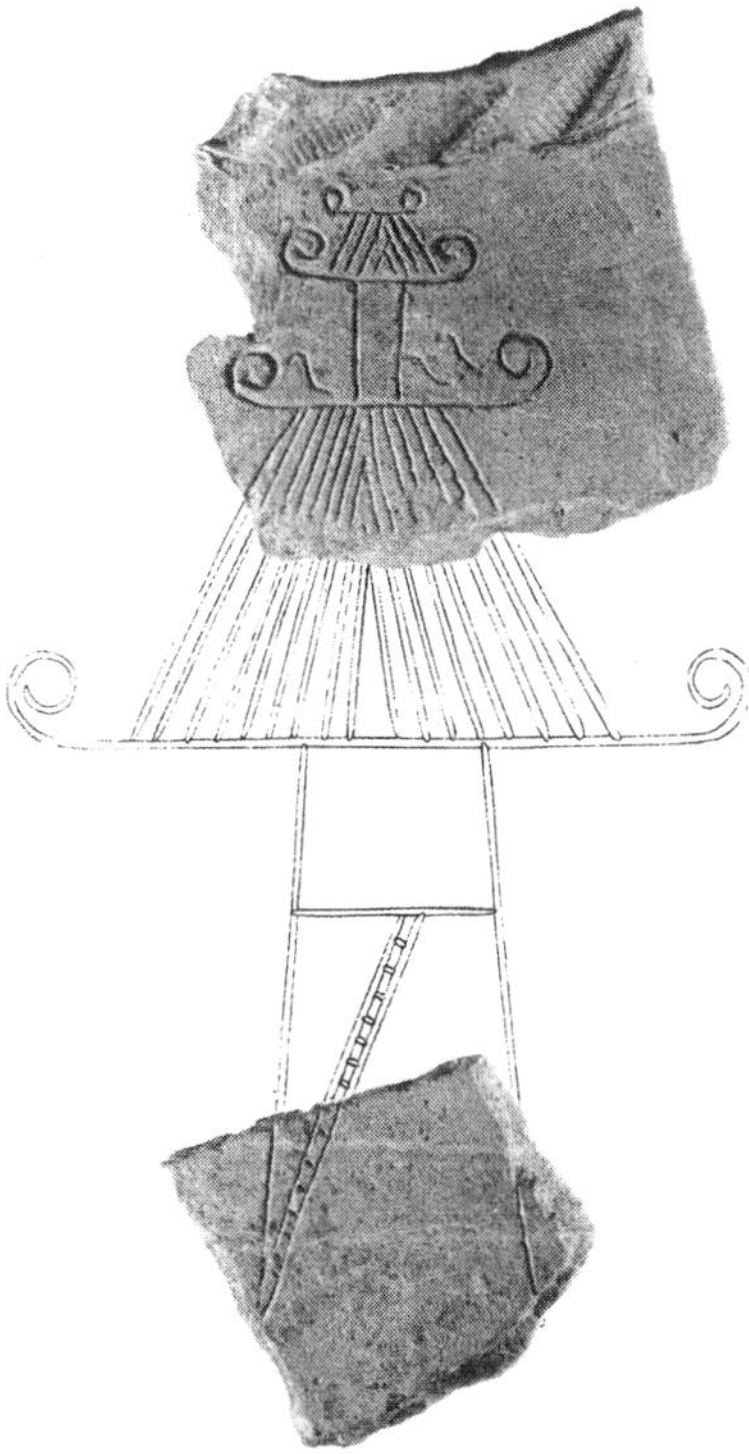

○唐古・鍵遺跡の楼閣、下層屋根の波線は三羽の鳥である。

○高楼（清水風遺跡第二次）

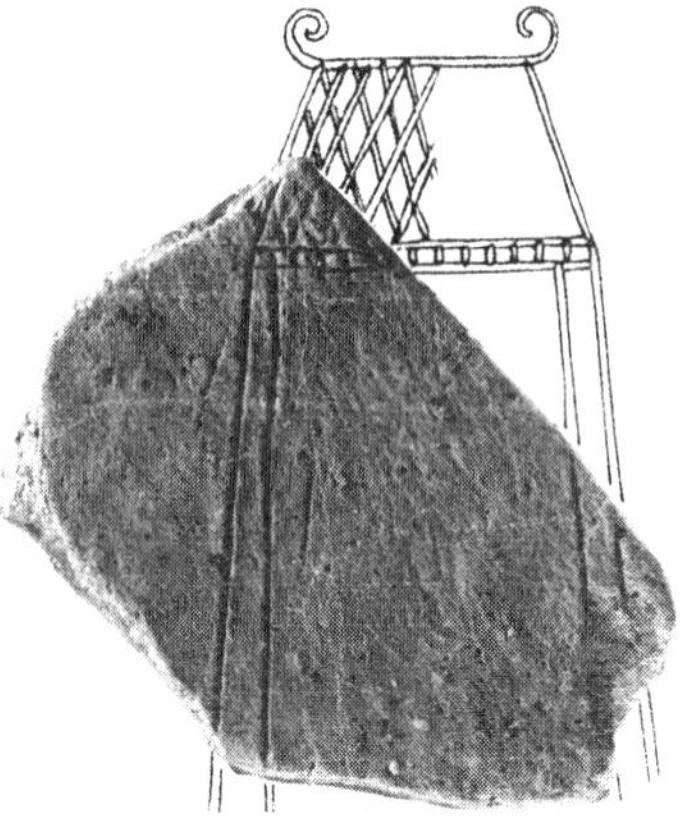

○渦巻き飾りの楼閣（唐風《からふう》の楼閣）

【田原本町教育委員会唐古・鍵考古学ミュージアム蔵】

◎　楼閣の渦巻き飾りの屋根には、「弥生の王都」としての荘厳《そうごん》さがある。

唐古・鍵遺跡、清水風遺跡の楼閣は、見張り台としての役割の他に、この楼閣の周りは、五穀豊穣を祈る「祭りの広場」で、「祭祀行事」が行われていたと思われる。

唐古・鍵遺跡では三階の東西の手すりに三羽、計六羽の鳥がとまっている。南の玄関である。「鶴（鷺）の贈り物」は稲作であり、楼閣の鳥は、神の使いの霊鳥である。清水風遺跡の楼閣には最上部の屋根に一羽はとまっている。清水風遺跡の楼閣は下流で、辺りに森もなく、「二階建て」で北の玄関であったと考えられる。唐古・鍵遺跡と清水風遺跡は自然の河川を活用した運河で結ばれていた。楼閣の屋根はいずれも、弧を描いた渦巻きで飾られ、祭殿風に造られている。渦巻きの装飾は日の神である太陽や水の神である龍を象徴している。太陽信仰・龍神信仰、霊鳥信仰と稲作信仰の融合した建物である。日本の太古《たいこ》からのアニミズム的考察である。楼閣は祭祀用多目的な建物で、穀霊や祖霊を祀る行事にも使われていた。祭りには大型の祭祀用の見る銅鐸、剣や矛・盾(戦いの模擬戦《もぎせん》)等が使われ、華やかに舞いが奉納された。「唐古・鍵遺跡」の楼閣は、漢の河南省から出土した明器陶楼を参考にしたか、日本独自のものか。

日本の渦巻き文には、神が宿る(自然崇拝)と考えられてきた。縄文時代の「土偶《どぐう》」の中に渦巻き文が見られ、五穀豊穣を祈る神である。日本の太陽信仰・龍神信仰の渦巻き文と中国の神《しん》仙《せん》思想の渦巻き文が弥生時代、たまたま一致したのか。中国との交易の中で影響を受けたのか。定かでない。道教では死者の魂は、天上の神仙世界に行くと考えられていた。「渦巻き文」は両国の「鬼道」の中で息付いている。二つの渦巻き文・「双頭渦文《そうとう》」は中国の戦国時代の鉦《かね》、秦時代の瓦当《がとう》、日本の銅鐸にも描かれている。「双頭渦文」を飾り耳にしている銅鐸が纏向遺跡・朝日遺跡からも出土している。「唐古・鍵遺跡」は、環濠集落であるから、楼閣は外部からの侵入、大雨の洪水等の見張り台として、役割を果たしていた。絵画土器の六羽の鳥は風上に向かって整然とまとまっている。風上に頭を向けることにより羽毛が痛むこともなく、羽毛が乱れて体温を放散することもない。楼閣の刻《きざ》みのある板梯子《いたばしご》は北風により、体があおらないように、風を背に受けて登るようにかけられている。弥生人の観察力と知恵は実に素晴らしい。

（二）手を挙《あ》げる鳥装《ちょうそう》の巫女《みこ》（神子《みこ》）

上記のように、「楼閣」を描いた土器片の数も多いが、「手を挙げる鳥装の巫女」を大壺の中心部から上半分に描いていることは、後世の人々への伝言と言える。この地で、盛大な祭りが行われたことを伝えるために、祭祀用の大壺に意図的に描いたと考えられる。「誰が、どこで、何をしたか。」巫女が大型建物の前で、神鹿を供え、神鹿の角を使い、お祈りをし、祭りをした。唐古・鍵考古学ミュージアムにある「手を挙げる鳥装の巫女（神子《みこ》）」は、「まつり」と「祈り」の再現である。巫女の下半身部分も描かれており、女性と特定できる。そして、描かれた順番も着目したい。この絵画は高さ八〇センチほどの大壺の中心部から上半分に大型建物・巫女・神鹿の順に描かれていて、大型建物の前で鹿を供え、祭りの儀式と考えられる。この人物画は鳥が羽を広げたように袖が大きく、とても印象的である。古代王権・「倭国女王」の「卑弥呼」とオーバーラップする。唐古・鍵遺跡は古代ロマンの地である。巫女の絵は、清水風遺跡でも出土している。日巫女《ひみこ》が卑弥呼《ひみこ》であるかどうかは定かではない。『魏志倭人伝』では女王になってからは姿を見た者は少ないとある。鳥装の巫女が日巫女《ひみこ》・日神子《ひみこ》を卑弥呼とするならば、女王になる前と考えられる。このポーズは「雨乞いの姿」である。第二部、『太安萬侶伝』の「皇極《こうぎょく》天皇の 跪《ひざまず》いた雨乞《あまご》いの姿」に通ずる。「南無天《なもで》踊り」として、現在も奈良県立万葉文化館の広場で実演されている。大和の国中の各地で雨乞《あまご》いの踊りとして伝わる。鳥装の巫女は、後の「卑弥呼」かも。鏡で神と交信する巫女は、人目のない神殿内である。

【建物・手を挙げる鳥装の巫女(神子《みこ》)・鹿の拡大】

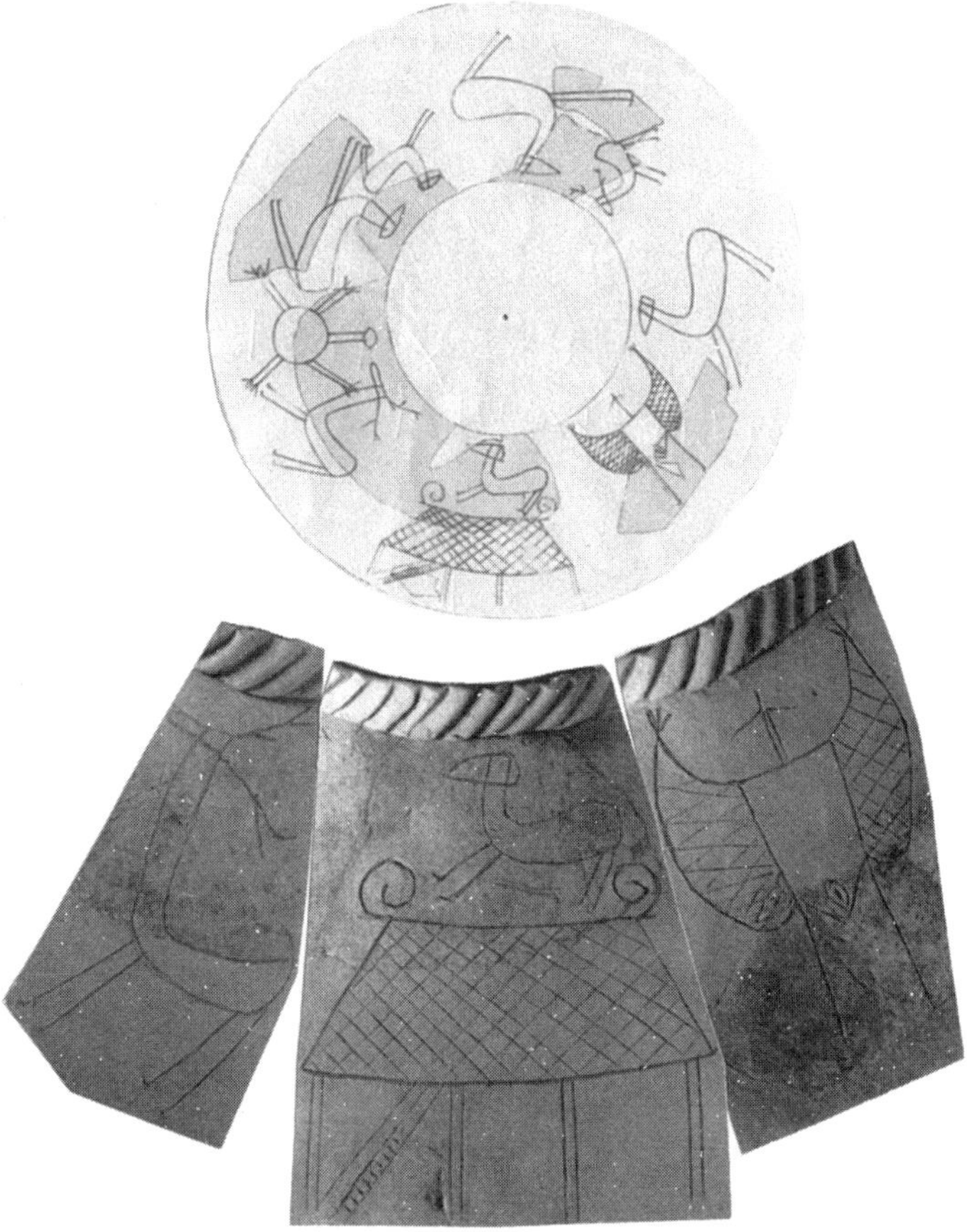

【田原本町教育委員会唐古・鍵考古学ミュージアム蔵】

【高さ八〇㎝の大壺の上半分】

【手を挙げる鳥装の巫女(神子《みこ》)の復元図】

【田原本町教育委員会唐古・鍵考古学ミュージアム蔵】

纏向王宮に移るまでは、日巫女・日御子・日神子は五穀豊穣を願い祭りを司《つかさど》っていた。手を挙げているポーズは日の神・水の神と交信し、神の霊力を戴き神に祈っている姿である。呪術的な行為である。稲作に不可欠なものは太陽の恵みと水の恵みである。『魏志倭人伝』に見られるように、二一〇年頃、纏向王宮に入り、女王になってからは、姿を見た者は少ないとある。

王宮には、ただ一人の男子が情報を伝えるため宮室に出入りしていた。

(三)ゴンドラ形状の大型外洋準構造船「清水風遺跡」★船は船底板・波切板・舷側板を貼る。

この船は、死者を送る聖なる世界に向かう船ではなく、実際に交易に使われた船が描かれている。土器は弥生中期のもので、ゴンドラ形状大型外洋船は櫂《かい》(櫓《ろ》に似た小さいもの)の数が「一八個×二」で漕ぎ手が三六人、操舵者二人、船長・持衰《じさい》・正使副使等約八〇人乗りの大型準構造船である。唐古・鍵遺跡には、船を漕ぐ人物の土器の他に、舟の櫂も出土している。図の櫂のないところ(中央部)に帆を立てていたと考えられる。長さ約二五メートルとか。船首と船尾が高くそり上がっている。特に、船首がより高くそり上がっていて水の抵抗を受けにくい。

櫂の操作は「ねり櫂」である。高さ六〇・五センチの大壺の上部に描かれている。反対側には、切妻屋根の家が描かれている。

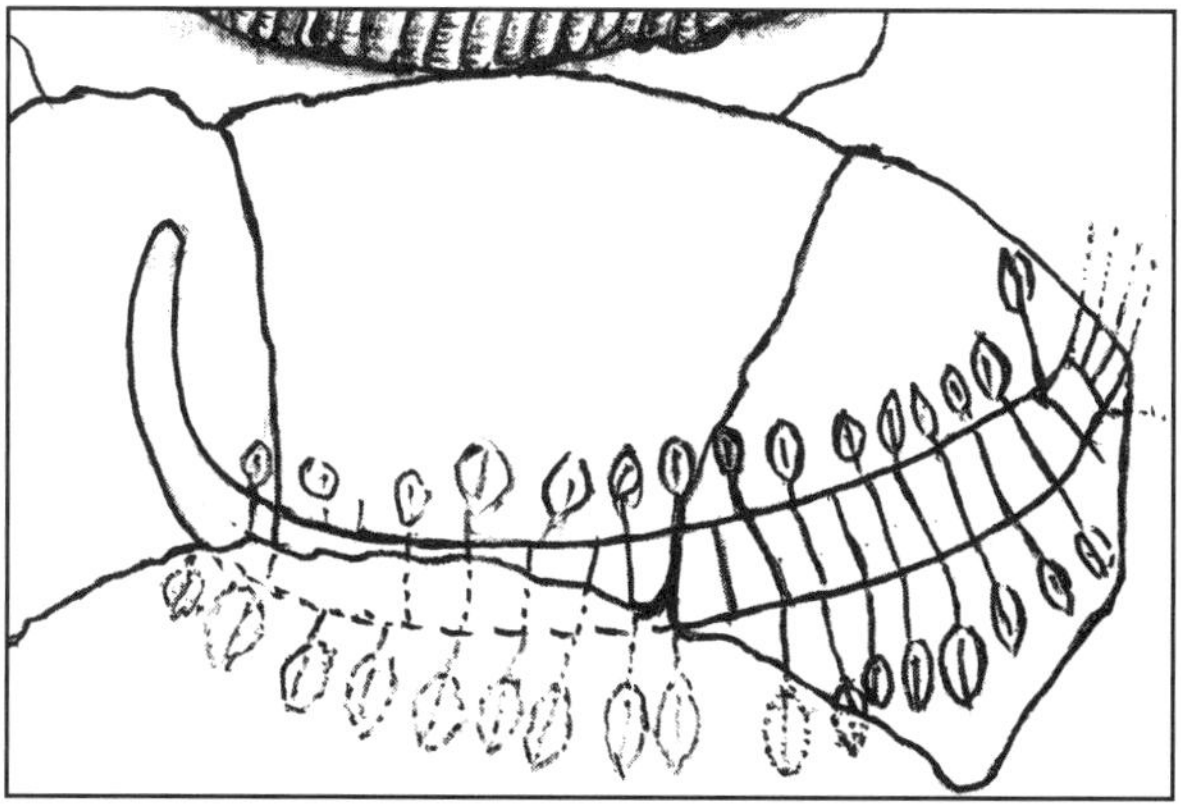

【復元された準構造船の絵画土器：口絵参照】

（四）船尾で航海を祈る「持衰《じさい》」

『魏志倭人伝』に艫《とも》・船尾で重責に耐えている者のことが記されている。「持衰《じさい》」の「衰」は喪服のことか。「持衰《じさい》」は、頭を梳《くしけず》らず蟣蝨《きしつ》を去らず、衣服は垢汚《こうお》し、肉を食せず、婦人を近づかず、喪人《そうじん》の如くせしむ」とある。当時の航海の困難さを物語っている。船尾で重責に耐えている「持衰《じさい》」の姿を線刻したとみられる絵画土器片が唐古・鍵遺跡から発見されている。このことは、大和の集落が「唐古・鍵遺跡」であったことの有力な証である。

　航海が無事成功すると生口と財物が与えられる。誰かが病気になったり暴風の被害に遭ったら殺される。「持衰《じさい》」の手を挙

【「持衰《じさい》」の土器片・唐古・鍵遺跡】

①
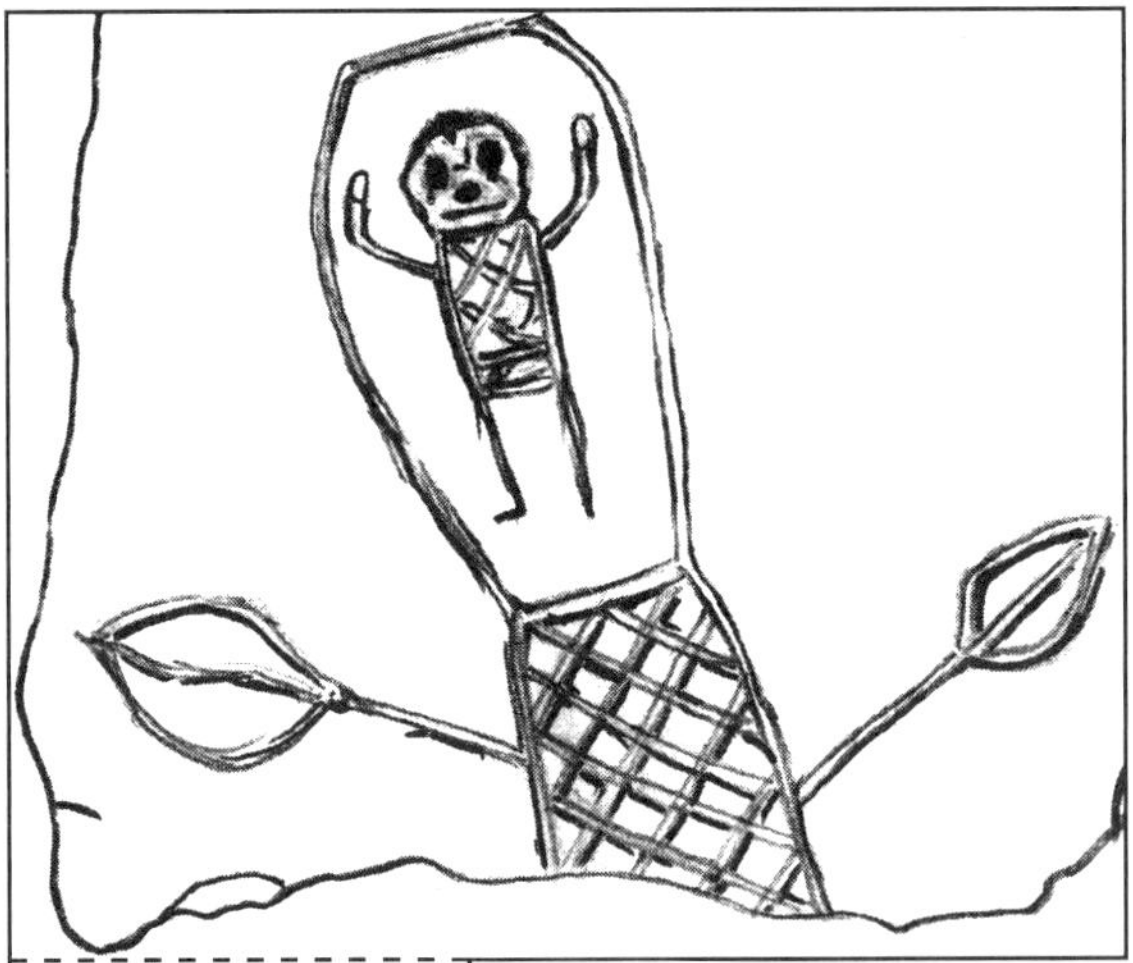
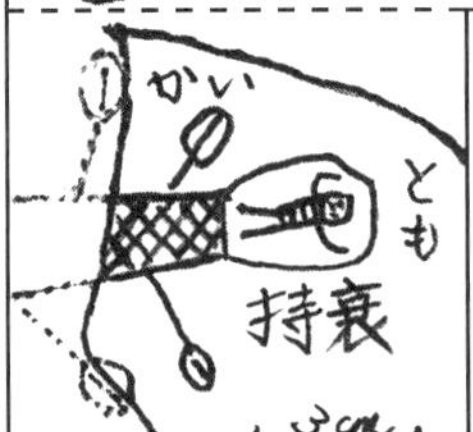

【①奈良県立橿原考古学研究所附属博物館蔵】

【「持衰《じさい》」の拓本】

②
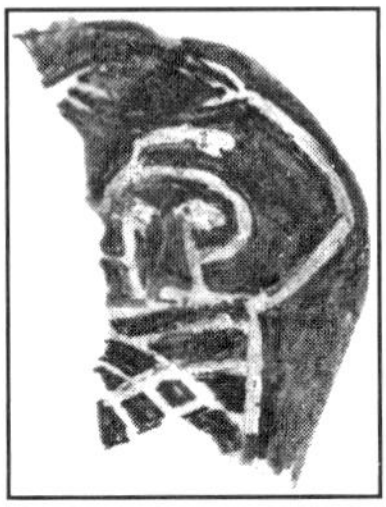

【②天理参考館蔵】

げたポーズは神と交信し、神の霊力を取り込み、航海の無事を神に祈っている姿である。図②天理参考館にも「持衰《じさい》」(持斎?)によく似た手を挙げたポーズの人物の土器片がある。船の上であるかどうかは定かでない。七五二年、遣唐使の大伴《おおともの》胡麻呂《こまろ》らの送別会で、「持衰《じさい》」のことが詠われている。「櫛《くし》も見じ　屋内《やぬち》も掃かじ　草枕　旅行く君を齋《いは》ふと思《も》ひて」(万葉集四二六三首)帰還時・鑑真《がんじん》来日。「持衰《じさい》」は、下戸階級の人とは考えにくい。生口から一旗揚げて下戸に成り上がろうとしたか、生口に落とされた者が戻ろうとしたか。他に、船を漕ぐ人・幡・鳥の絵画土器が唐古・鍵遺跡から出土している。船を漕《こ》いでいるのは近くを流れている河川を運河として活用したと思われる。進行方向に幡《はた》と向き合う二羽の鳥がいる。櫂《かい》の数も五本ほどで、「死者を送る船」であると思われる。この絵画は、「京都大学総合博物館」にある。「祭り」ときに供えられた特別な土器で、両遺跡で「祭り」が盛んに行われていた。特に、鹿は古代から神聖化され「土地の精霊《せいれい》」、鳥(サギ)は「稲が育つのを見守る精霊」として「祭り」で使われたものと考えられる。稲作の豊穣を祈願し祭祀は欠くことのできないものであった。稲作文化に関係が深いものが多い。なかでも、鹿が多く描かれていて、群れをなす鹿(唐古・鍵第五〇次)、矢負い鹿(唐古・鍵第六三次)、鹿の角、顔の形、半月の形をした胴体部、尻尾、脚先の部分等、緻密に描かれている。鹿は「神の使い」である。それ故、神社の鹿を神鹿《しんろく》という。鹿のほかに、魚、カエル、鳥(唐古・鍵遺跡 第九一次)、スッポン(唐古・鍵第八〇次)、渦巻きなども描かれている。スッポンの肉は美味で滋養もあり、血は強精剤になる。

鳥（唐古・鍵遺跡第 91 次）

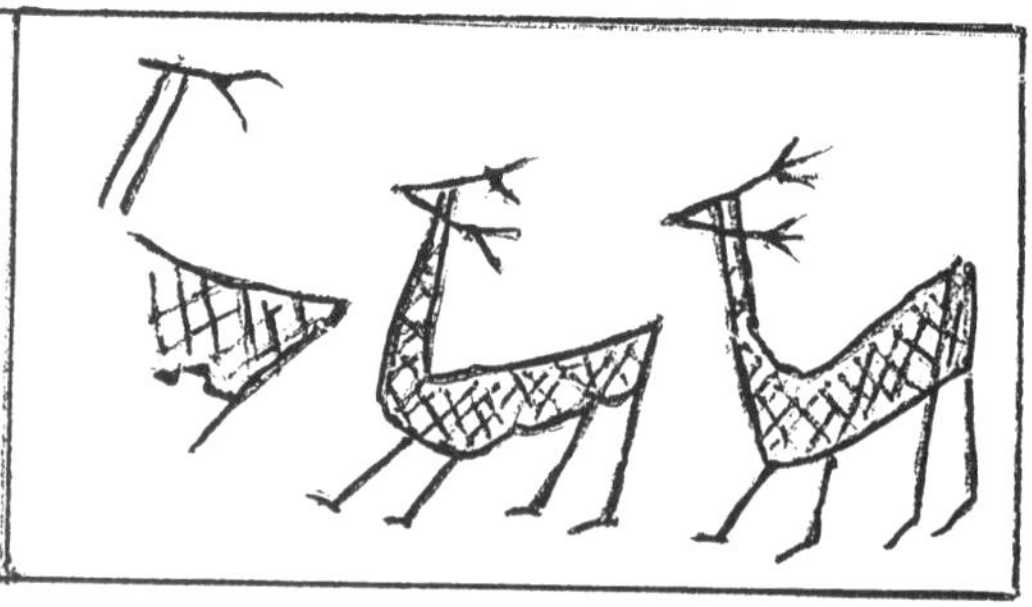

群れをなす鹿（唐古・鍵第 50 次）

【 銅鐸の絵画 ：鹿、狩猟の様子、杵で突いてる様子、

かに、蜻蛉、亀、スッポン 】

祭りの広場での模擬戦

魚

龍形

○鳥は「稲魂」の精霊

ツルは「稲魂」を運ぶ精霊

サギは「稲魂」を守り育てる精霊

○鹿は「土（土地）」の精霊

（五）壺の記号・文字・絵と銅鐸の絵

壺には、意味ありげな文字のような記号が見られる。祭祀に使用された「神代文字」かも。

・・・壺・甕・鉢・高杯・器台には、刺突文（刺し突きの跡）、綾杉文《あやすぎもん》、鋸歯文《きょしもん》、山形文等々がある。これらは、弥生前期のもので、中期になると、これらの器種の分化が進むとともに、高杯・器台が多くなる。私は、鋸歯文は三角形であり、霊が宿る神秘性をもたらしたものと考えている。山形文も流水文とも考えられる。弥生後期には小型化し、文様が消滅し飾らないシンプルなものになる。絵画・記号・文様への変化が見られる。手法もヘラ描き、竹管状の工具の押し付け、赤色顔料、粘土紐《ねんどひも》（浮文《うきもん》）等がある。並記もされている。

銅鐸は大型化し、聞く銅鐸から見る銅鐸に変化した。文様には両側の縁部と上部、下部から少し上の部分に水平に三角形が整然と並び、霊が宿る神秘性をもたらしている。とても美しい。銅鐸の大型化は祭祀に使用され、国の権威を表すものであった。銅鐸文化圏の近畿の拠点か。

☆絵画・記号・文様への変化【竹管状の工具の押し付け、粘土紐（浮文）】

横線・縦線の数記号。斜線・丁字形の数記号。ノ字形の数記号。★十は『巫』【寺澤氏説】
三叉形《みつまた》⩚⩛。X字形のX、XX、XXX。逆V字、逆U字形、波状のV字形、波状の逆字形、櫛描き流水文、木《こ》の葉《は》文、鋸歯《きょし》文、渦巻《うずまき》文、逆S字渦巻文、工字文、櫛の形、〇印
◎印（ハレの行事）、櫛描き文（直線文・波状《はじょう》文・簾状《れんじょう》文・斜格《しゃこう》文・流水文）、三角刺突文、天平雲形、横S字形「S」、★龍形（龍体の変形文様）へと。

龍の形は龍神で水の神様である。田原本町今里《いまざと》と鍵《かぎ》(遺跡の南西部)には「蛇巻《じゃま》き」があり、「昇《のぼ》り龍」と「降《くだ》り龍」に分けられる。国の無形文化財となっている。大和川の合流地点に「水の神様」を祀っている広瀬《ひろせ》大社があり、大和川の大和から河内への北側の丘(奈良県王寺町)に「風の神様」を祀っている龍田《たった》大社がある。大和から河内への「水と風の通り道」である。法隆寺、藤原京の造営の時に、風水害の祈願が何度もなされている。

讃岐の田村神社には「定水《さだみず》大明神」が祀られている。水の神様・龍神である。涌《わ》き水《みず》信仰が祭祀につながっている。香東川《こうとうがわ》の流れ地下には、「伏し流水」がある。

☆銅鐸の絵画：鹿、狩猟の様子、杵《きね》で突いてる様子、かに、蜻蛉、亀、スッポン等。

【土器の記号】

(前期)土器の胴部の下部に描かれている。【基本形】遠賀川《おんががわ》式土器

(中期)土器の胴部、上部に描かれている。【浮文《うきもん》】

後刻が多い。土器の焼成《しょうせい》後に石器などで刻《きざ》み込んだもの。

(後期)①へらで描いたもの。②竹管状の工具を押し付けたもの。

③赤色の顔料。④粘土紐《ひも》(浮文)☆数の表記。☆龍から変化した文様

・土器の底部の裏面【基本形】シンプルなもの。基本形：V　U　O　⩛　⩚

・記号の組み合わせ「水のまつり」

・記号・文様・絵画　☆共同体(ムラ)が製作した素朴さ、エネルギーがある。

絵画土器は全国で約六〇〇点、出土しているが、唐古・鍵遺跡では、約三五〇点、清水風遺跡では、約六〇点ほどの絵画土器が出土し、約四一〇点を数える。全国の絵画土器の「三分の二」は二つの遺跡から出土している。全国で八〇〇点説もあり過半数とも言われている。清水風遺跡と唐古・鍵遺跡は河の氾濫に伴ってできた運河で結ばれていたと考えられている。清水風遺跡は唐古・鍵遺跡の北北西六〇〇mの処に位置し、同じ集落である。

七　環濠集落　「唐古・鍵遺跡」の周辺

【「大和国条里《じょうり》復元図」九八・九九頁参照】

弥生時代、一番の国難は河川の氾濫《はんらん》であったと考えられる。氾濫による稲作の被害、疫病の流行である。この多重環濠が「拠点集落」・「弥生の王都」として、周辺集落の人々の動員を垣間見《かいまみ》ることができる。多重環濠が、当時の度重《たびかさ》なる水害の爪跡《つめあと》の深さを示している。後の条里制の坪名から、古代の地勢《ちせい》・「多重環濠集落」を読み取ることができる。

☆「大和国条里復元図」によると、「唐古・鍵遺跡」は「十四条東一里」にあり、西平田、弓田、瓦田、（八坂神社）、（鍵）、サツマ、柳田、城ノ前、東平田、高塚、ソ子田、上塚、大黒、中溝田、池田、長田、角ノ脇（現唐古池）、コウ田、筋替、辻ヶ本、田中、登戸呂町、神子田、中溝田（現北小学校）、狐塚（現鍵池）、田楽田、ビリ箱、黒白、ウノベタの坪名がある。遺跡の北側の「十三条東一里」には壱ノ坪、西八領、戌亥角、寺西、今道、西垣内、中垣内、寺ノ前、三ケ尻、八領、黒原、三ノ坪、唐古田、四ノ枝、庄ノ垣内、垣内（神明神社）、片吹、加茂田、菅田、赤表、松田、マワタリ、孤塚、キベ、アヤメ、中ノ町、大領、亀田、直田、高縄手、初瀬田、高縄手、マグロ、ホノ町、キベ、道増寺とあり、壱ノ坪の北には清水風の坪名がある。

遺跡の西側の「十四条東二里」には、西下田部、片平、溝田、添田、丹波前、丹波田、・・・砂出、・・・「十五条東二里」には、清水、清水斎宮前、海ノ上、・・・の坪名から、初瀬川が今の川筋から唐古・鍵遺跡のすぐ西を流れていたことが読み取れる。北小学校の敷地には、環濠の面影《おもかげ》が残っていないが、度重なる氾濫による多重環濠の遺跡の東北に再現されている。磯城は岩の多い湖岸とか。南側の「十五条東一里」には縄掛、西登戸呂キ、過領、北浦、西浦、五位ノ瀬、五位ノ浦、南浦、大浦、里中、垣内、野色、東登戸呂キ、北登戸田、南登戸田、桜箱、松浦(小阪)、安田前、杓ノ下、細長、立花本、南コセ(小瀬)、北コセ、石ノ田、クロ、荒蒔、多井、折敷田、ドン亀、内太田、斎田、角田、大垣等の坪名が残る。坪名からは寺川の流れの蛇行の跡が伺われる。それ故、遺跡の西側にも多重環濠が残り、再現されている。

「十五条東二里」にはタタナベ(多多羅部)の坪名があり、踏鞴《たたら》か。・・・興味津々。

鏡作神社は「十五条西一里」にある。「十四条西三里」には孝霊天皇の黒田廬戸宮跡がある。
◎環濠集落は全国で四百カ所、分布が見られ、越の国・関東地方が北限である。唐古・鍵遺跡と繋がるの清水風遺跡の絵画土器からも楼閣、大型建物や盾・戈を持つ人物・魚・矢負いの鹿が、一つの土器に描かれていて何らかの物語性を読み取れることができる。

　末盧国の処で「顔や胸の入れ墨」について述べたが、瀬戸内海においても猟師の男性は、海深く素潜《すもぐ》りをして、魚介類を捕るので、身の安全を守るために入れ墨をしていた。

唐古・鍵遺跡の西隣の石見《いわみ》遺跡から、入れ墨をした人の絵画土器にも何点か出土している。

八　唐古・鍵遺跡　「弥生の王都」から纒向《まきむく》王宮へ

唐古・鍵遺跡の大型建物跡は一九九九年（第七四次調査）・二〇〇三年（第九三次調査）のにおいて検出されている。いずれも、遺跡の西地区に位置し、中心的施設である。第七四次調査の建物跡は南北一一・六メートル、東西六・八メートル、建物の南北にヤマグワ材の棟持柱《むなもちばしら》がみられ、地面に穴を掘りケヤキ柱を埋め立てた掘立柱《ほりたてばしら》建物の「神殿」であった。この建物は弥生中期初頭（A.D.三世紀末）のものであり、柱穴深さ六〇㎝から柱根《ちゅうこん》が残存し、ヤマグワ・ケヤキ材五本が確認され、総柱型高床建物の跡で、日本最古とも?と言われている。弥生中期前半。【「遺構展示情報館」に再現。約二四〇〇年前】　第九三次調査の建物跡の西方二百メートルの大環濠には直径五五㎝、長さ五．五メートルのケヤキ原木が貯水され、付近には大柱や柱穴が見つかっていて、大型建物跡が数棟存在していたと考えられている。【紀元前二七五～前一七〇年】

西地区の大型建物の西側に寺川が流れ、鏡作神社がある。さらに、西に二キロの処に「黒田廬戸宮《いほとのみや》」（法楽寺《ほうらくじ》跡）がある。この宮は、第七代孝霊天皇の宮で、倭迹迹日百襲姫命の生まれた地であると言われている。『記紀《きき》』によると、倭迹迹日百襲姫命は皇女で、桃太郎こと彦《ひこ》五十狭芹彦《いさせりびこ》（吉備津彦）、若建《わかたけ》吉備津彦の姉である。孝霊天皇の御代、「神殿」は百襲姫命の住処であったたか。定かでない。第九三次調査の大型建物跡は人の出入りもあり「王の館」ではないかと考えられる。【調査で検出された所に堀立柱で再現。約一三〇〇年前】
第四七次調査で西区と北区を繋《つな》ぐ橋桁《はしげた》の遺構が発見され、一つの遺跡としての連続性が証明された。河川の氾濫のため、三地区に分かれているが、地区間は橋桁で繋がり一つの遺跡と考えられる。纒向遺跡の大型建物は材質の違いだけで、「唐古・鍵遺跡」で、すでに造られていたのだ。『魏志倭人伝』によると、二三九年、卑弥呼は魏に遣《つか》いを出し、「親魏倭王」の金印を授《さず》かっている。二四八年、卑弥呼は没している。三世紀前半は、弥生時代後期のことであり、百襲姫がこの遺跡で祭祀を執《と》り行っていたと考えられる。唐古・鍵遺跡の褐鉄鉱容器の中に入っていた大小二つの翡翠《ひすい》の勾玉《まがたま》のうち、上質の小さい翡翠の勾玉は、姫川流域（新潟県糸魚川《いといがわ》市周辺）で産出されたものである。島根県立古代出雲歴史博物館にある翡翠の勾玉も、姫川流域で産出された同種のもので、弥生時代後期のものである。この翡翠の勾玉は、百襲姫が愛用していたものかも。また、丹後産と推定される水晶玉、吉備・尾張の土器、大阪湾・伊勢湾等でとれる魚貝類があり、当時の「弥生の王都」の交流が広域に及んでいたことがわかる。その後、度重なる河川の氾濫により、大型建物も水害に見舞われ、初瀬川をさかのぼり、纒向遺跡（太田微《び》高地と周辺遺跡）に居住地を移住することを余儀《よぎ》なくされたと考えられる。
纒向遺跡の中心・太田微高地に東西に一直線上に整然と唐古・鍵遺跡の建物を並び替え、邪馬臺国の「国の都のかたち」・「王宮」が造られたのである。【纒向王宮・四六・四七頁参照】

纒向王宮は、崇神・垂仁天皇の上田正昭《まさあき》氏のいう「イリ王朝」の成立か。二人の天皇は「○○○イリヒコ」というので「イリ王朝」と呼ぶ。この王宮は、唐古・鍵から弥生時代後期に移転がなされ、東西軸を基軸として造営され、太陽の道を意識している。纒向《まきむく》遺跡の「纒《まき》」は「束《たば》ねる」の意であり、邪馬臺国《やまたいこく》の都と考えられる。『魏志倭人伝』に記されているように、大型建物、棟持ち柱のある建物、楼観《ろうかん》が整然と並び、周りに柵が巡《めぐ》らされている。この遺跡からは、祭祀に使われたと考えられる桃の種が大量に出土している。卑弥呼を倭迹迹日百襲姫命とし、「日巫女《ひみこ》」「日御子《ひみこ》」「日神子《ひみこ》」と考えるとき、天照大神と深いつながりがある。元伊勢《もといせ》の檜原《ひばら》神社と箸墓《はしはか》古墳(倭迹迹日百襲姫命陵)が近くにある。箸墓古墳は最古級の大型前方後円墳で、全長約二八〇メートル、後円部の高さ約三〇メートル、後円墳の直径約一五五メートルで、『魏志倭人伝』に記されているように「卑弥呼の墓は径百余歩」一五〇メートルに近い。最古級の大型前方後円墳とされ、特異な四段構造の墳丘や後円部頂上に築かれた巨大な円壇は埋葬施設を覆《おお》う特別な施設であり、遠目には五段のようにも見える。前方部は後の開墾で形状が変わり、論争が続いていたが、四段構造であったと言われている。前方部の上部がとがっていて、古い前方後円墳の特徴がよく出ている。【二六六年に築造、『晋書』の臺與《とよ》(壱与《いよ》)の墓という説もある】この古墳は、初期大和王権の大王との見方もあるが、宮内《くない》庁では孝霊天皇の皇女、倭迹迹日百襲姫命の墓として管理している。箸中山古墳は日本の聖地である。

箸墓古墳は百襲姫陵・三輪山伝説は地名起源神話か。『古事記』には卑弥呼の記載はない。

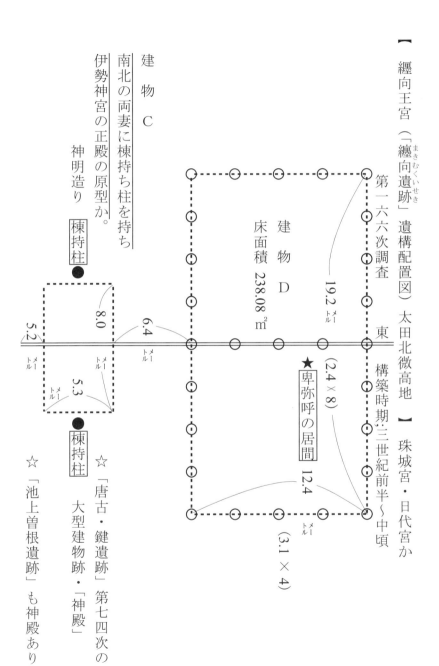

【纒向王宮（「纒向遺跡《まきむくいせき》」遺構配置図）太田北微高地】珠城宮・日代宮か

第一六六次調査　東　構築時期;三世紀前半〜中頃

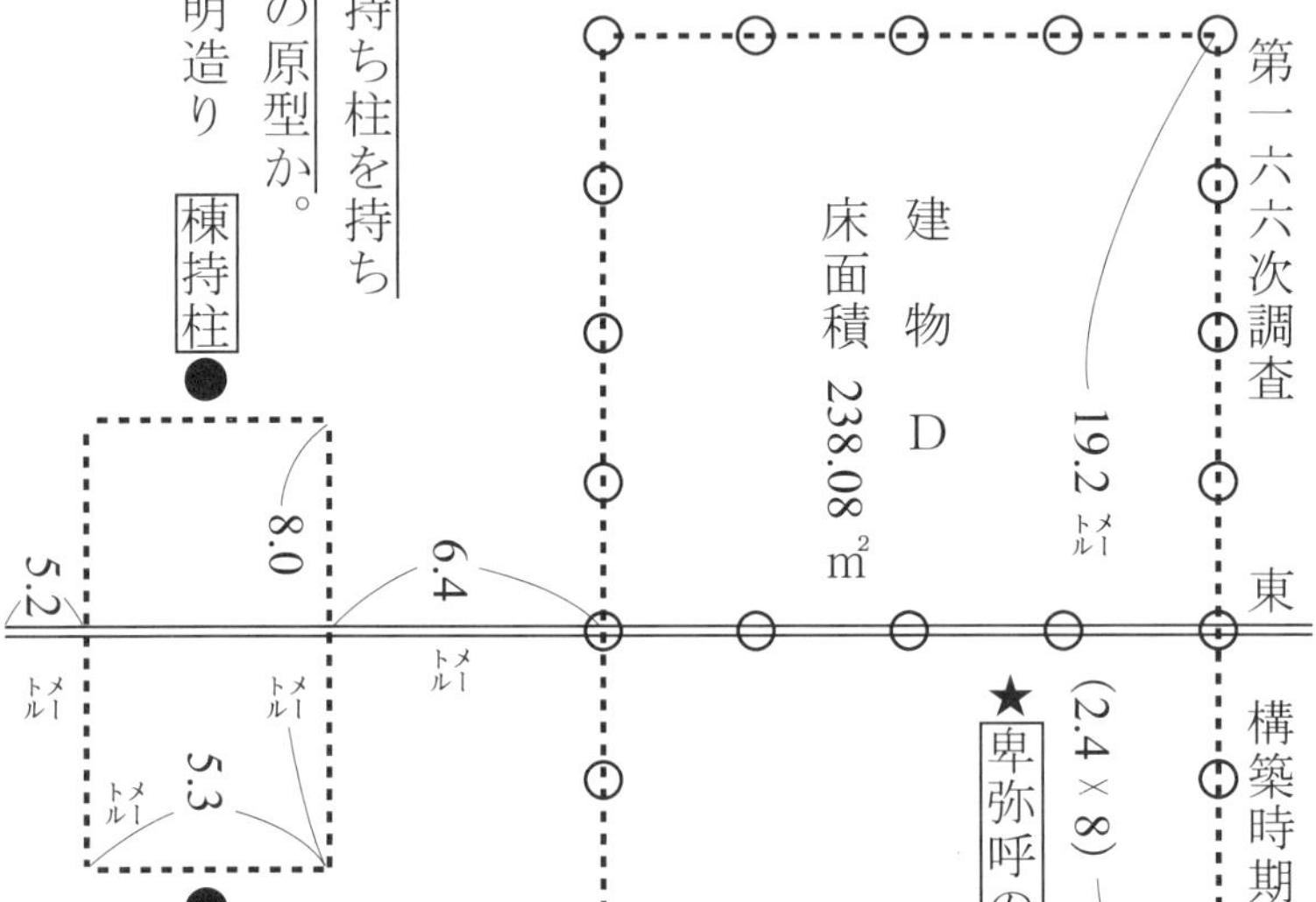

建物C
南北の両妻に棟持ち柱を持ち
伊勢神宮の正殿の原型か。
神明造り

☆「唐古・鍵遺跡」第七四次の
大型建物跡・「神殿」

☆「池上曽根遺跡」も神殿あり

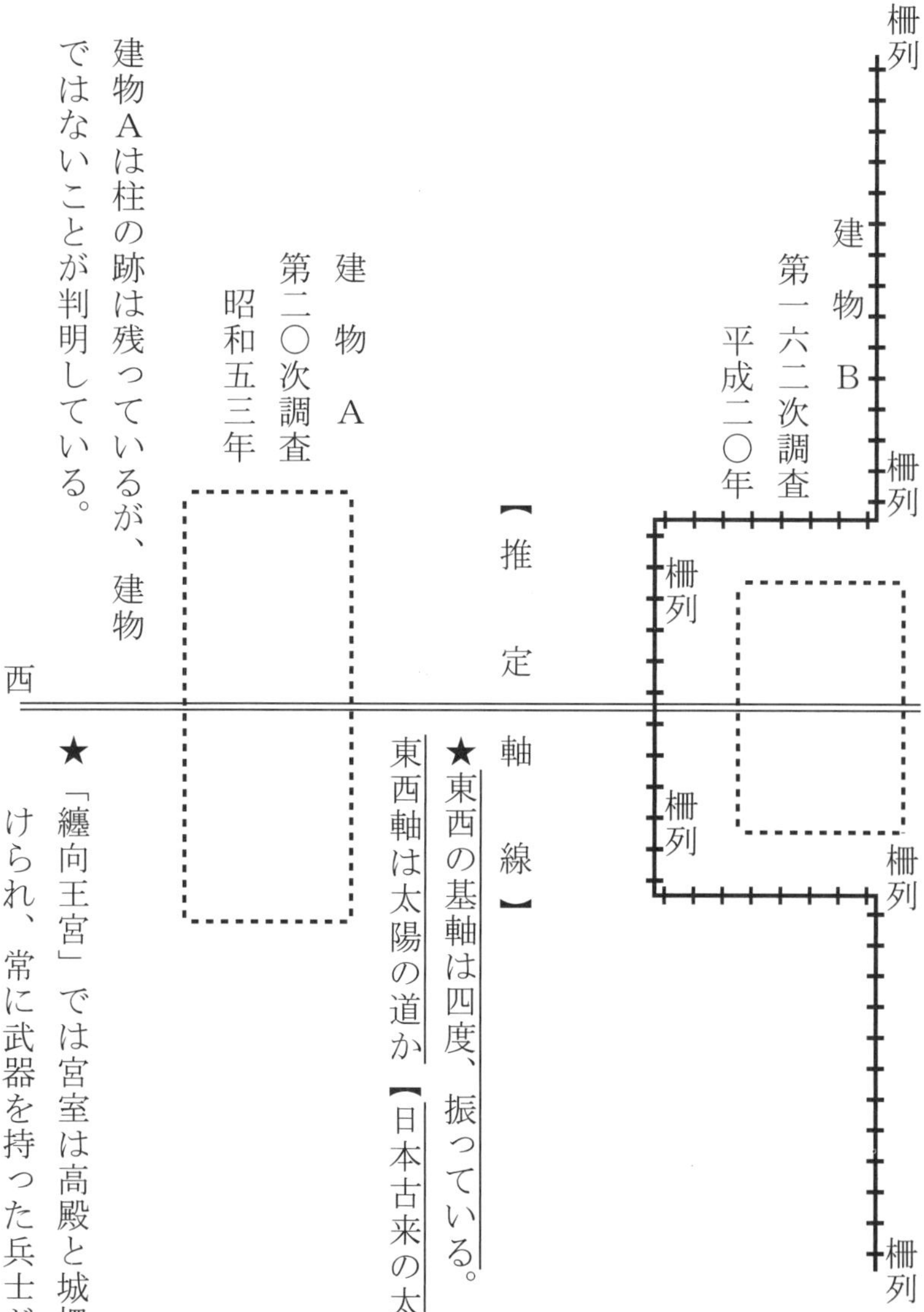

★東西の基軸は四度、振っている。

東西軸は太陽の道か【日本古来の太陽信仰】

建物Aは柱の跡は残っているが、建物ではないことが判明している。

★「纏向王宮」では宮室は高殿と城柵が設けられ、常に武器を持った兵士が警護。

鏡に光りを反射させて占う一室は、東の出雲型の大型建物D跡ではないかという説がある。倭国が魏から賜った鏡は『画文帯神獣鏡《がもんたいしんじゅうきょう》』であると考えられている。和泉の黄金塚遺跡の鏡に『景初《けいしょ》三年』の銘がある。神獣が表現されて神仙思想に通じる日本人好みの絵柄である。この王宮は卑弥呼か臺與が住んでいたかも…。纏向のホケノ山古墳、天理市柳本町の天神山古墳(国宝)からも出土している。清水風遺跡で発見された破鏡は最古のもので前漢鏡の破片である。『画文帯神獣鏡』は、弥生末期から古墳時代にかけて出土している。神仙思想は、中国古代の神秘思想で、太平道や五斗米道などとも深い繋がりがある。

九　炉跡状遺構の工房跡（銅鐸文化圏・銅鐸祭祀用として大型化）

青銅器の鋳造は当時の先端技術であり、各地域の拠点集落で行われていたらしく、唐古・鍵遺跡では、「ムラ」の南西部（南区）に炉跡状遺構の工房があり、銅鐸や武器などの鋳型外枠や送風管や取瓶《とりべ》が多量に出土している。（第六五次調査）。弥生中期後葉から弥生後期初頭にかけて銅鐸の鋳型外枠は大型化し、鋳型外枠《そとわく》も石の型（石製鋳造型）から土の型（土製鋳造型）へ移行した。土製鋳造型への転換は、作業の効率化と銅鐸の大型化に対応している。銅鐸は「水の神への捧げもの」とか。【「聞く銅鐸」から「見る銅鐸」へ】

銅鐸の色は、銅と錫《すず》の割合によって決まる。錫の量が少ないと金色になり、軟らかく、錆びると緑青色になる。逆に、錫の量が多いと銀色になり、硬いがもろく、錆びると黒い漆のような質感を帯び、漆黒色になる。銅は「魔物を追い払う力」をもつ。

鏡作神社の御神体や、黒塚古墳の鏡は、この地で鏡作部（工人）により作られたものと考えられる。炉跡状遺構の工房の送風器・「ふいご」のことを後に、「踏鞴《たたら》」という。そこで、踏鞴《たたら》の本で「田原本」の地名がついたとも言われている。私は、前述したように低い地形を、「岴（たわ）」と言い、「本」とは「処」のこととする地形説をとる。

唐古・鍵遺跡の炉跡状遺構の近くに鏡作部（工人）の集団があり、鏡作部《かがみつくりべ》が居住していて、遺跡の南西にある鏡作坐天照御魂《かがみつくりにますあまてるみたま》神社、この神社の他《ほか》に、鏡作系の神社が田原本町・三宅町に五社ある。うち田原本町内に四社ある。

出雲国の荒神谷遺跡・加茂岩倉遺跡・神原神社古墳の青銅器（銅剣・銅鐸・銅鏡）が出土している。出雲は銅剣文化圏と銅鐸文化圏の交差点でもある。

唐古・鍵遺跡から東に二キロ、黒塚《くろつか》古墳がある。三三枚の「三角縁神獣鏡」が重なり合うように出土された。「三角縁神獣鏡」は日本人好みの文様で、渡来してきた工人により作られたと思われる。三角縁の三角形は霊が宿る神秘性をもたらしている。鏡は邪悪な者の正体を明らかにする。出雲の神原神社古墳の鏡に『景初三年三角縁神獣鏡』の銘あり、古代の出雲との交流を証するものである。「景初三年」が興味深々である。『魏志倭人伝』の鏡百枚を賜ったという記述については、「三角縁神獣鏡」ではない。大方の学者が「三角縁神獣鏡」は渡来してきた工人（黄巾《こうきん》の乱や呉国の亡命者？）により、東王父《とうおうふ》と西王母《せいおうぼ》像、笠松模様《かさまつもよう》等、倭人《わじん》好みに日本で製造されたものだという。外区は三角縁神獣車馬画像鏡と内区は画文帯《がもんたい》対置式神獣鏡との合体か。洛陽《らくよう》で一枚、出土されたと言うが捏造《ねつぞう》か。賜った鏡は「魏鏡」でなくてはならない。贈呈品の鏡として、笠松模様等、日本人好みに魏国で特別に製造されたものか。定かでない。

一〇『記紀』の「倭迹迹日百襲姫命《やまとととひももそひめのみこと》」は卑弥呼

・国造りの大国主神《おおくにぬしのかみ》（大物主大神）と少名毘古那神《すくなびこなのかみ》

大国主神と少名毘古那の国造りは出雲国からである。大和の国造りは大物主大神（大国主神の和御魂《にぎみたま》）と少名毘古那神であり、大神神社と天神社の御神体となっている。陸の「国造り」をしたと言える。ちなみに、天神社は北鳥居と東鳥居がある。【出雲と大和】

・讃岐では大物主大神《おおものぬし》（大国主神の荒御魂《あらみたま》）と少名毘古那神であり、大物主大神の荒御魂は金比羅大権現《こんぴらだいごんげん》に祀られている。海の「国造り」をしたと言える。【讃岐と大和】

倭国の大乱は、前述したように孝霊天皇から崇神天皇の御代である。このことが、卑弥呼の「倭迹迹日百襲姫命説」の考察に繋がる。他に、①「天照大神説《あまてらすおおみかみ》」、②「神功皇后説《じんぐうこうごう》」、③「倭姫命説《やまとひめのみこと》」、④「阿蘇の酋長の娘」等々がある。

①天照大神《あまてらすおおみかみ》説は高天原を支配する最高の神で、別名「大日孁尊《おおひるめのむち》」ともいう。太陽の女神そのものである。弟を須佐之男命とし、岩屋隠れを日食とか。卑弥呼は鏡に太陽の光りにあてて、映る影でもって「鬼道《きどう》」を行っていたとあり、卑弥呼の崇拝する神である。卑弥呼《ひみこ》は「天照大神

の声」を伝える神子(巫女)の頂点である。【九州説・筑紫「火の国」と朝鮮半島南部】

②神功皇后《じんぐうこうごう》説は、『日本書紀』・神功皇后の御代の中で次のように記述されている。

二三九神功三九年「魏志云、明帝景初《めいていけいしょ》三年六月、倭女王遣㆓大夫難升米《なしめ》等㆒、詣㆑郡、求詣㆓天子㆒朝献㆖。太守劉夏《りゅうか》遣㆑吏将送詣㆓京都《けいと》也。」郡とは帯方郡、京都《けいと》は魏の都・洛陽【魏の司馬懿《しばい》により楽浪郡・帯方郡を摂取、倭国、魏に朝貢】※□は誤写を訂正。

二四〇神功四〇年「魏志云、正始《せいし》元年、遣㆓建忠校尉梯携《けんちゅうこういていけい》等㆒、奉㆓詔書《しょうしょ》・印綬《いんじゅ》㆒、詣㆓倭国㆒也。」卑弥呼を『親魏倭王』に冊封する詔書《しょうしょ》と金印紫綬《しじゅ》【太平道《たいへいどう》・五斗米道《ごとべいどう》は呪術・道教的宗教観で鬼道の自然崇拝と類似】【魏の倭国との朝貢は呉への牽制】

二四三神功四三年「魏志云、正始四年、倭王復遣㆓使大夫伊声耆《いせき》・掖邪狗《ややく》等八人㆒上献。」が記載されている。

●卑弥呼の女王への即位は二〇一年か。一九〇年代か。

『紀』の編者は、神功皇后を卑弥呼に擬し、「魏志云、・・・」と記述しているだけであり、誤写もある。神功皇后との関連については、触れていない。なぜなら、神功皇后《じんぐうこうごう》と卑弥呼は何の関係もないからである。『魏志倭人伝』では、卑弥呼は独身で結婚していない。神功皇后は仲哀《ちゅうあい》天皇と結婚していて、応神天皇まで誕生している。神功皇后は卑弥呼とは言えない。

「倭迹迹日百襲姫命説」は、『日本書紀』の崇神天皇の条に、「疾疫《えやみ》が流行し、死亡者が過半数を超えた。国難を乗り切るために、天皇が神浅茅原《かむあさぢはら》に行幸され、八十万《やそよろず》の神々を集めて尋ねられた。神が百襲姫命に乗り移り、姫は、神の言葉として「大物主大神を大田田根子《おおたたねこ》に祀らせるよう。」「倭大国魂神《やまとのおおくにたまのかみ》を市磯長尾市《いちしながおち》に祀らせるよう。」崇神天皇に進言する。結果、大和は疫病が治まり平穏になり、五穀豊穣となる。大田田根子《おおたたねこ》の父は大物主神、母は活玉依媛《いくたまよりびめ》である。さらに、大彦命《おおびこ》が和珥坂《わに》で少女の歌から百襲姫は「武埴安彦《たけはにやすびこ》の謀反」を予知し、武埴安彦は大彦命らにより鎮圧されたとある。『倭人伝』の「彦姫制」が「卑弥呼と男弟帝の体制」と共通する。百襲姫を倭迹迹姫命と同一人物とする人もいるが、私は百襲姫が高齢まで活躍したと考えている。倭迹迹日百襲姫命の誕生の地・黒田廬戸宮《いほと》は唐古・鍵遺跡の西二キロの処にあり、唐古・鍵遺跡から大和川の四キロ上流に纒向王宮があり、箸墓古墳、神浅茅原《かむあさぢはら》、三輪山がある。「三輪山伝説」の大物主神とその妻も神秘的関係がある。『日本書紀』では百襲姫だが、『古事記』では活玉依毘売《いくたまよりびめ》だ。大田田根子の母は活玉依媛だから、大物主神の妻は活玉依媛である。『古事記』の方が信憑性がある。『記紀』のなかで考察する限り、百襲姫命説が有力になってくる。讃岐の一宮・田村神社と水主神社の祭神は倭迹迹日百襲姫命である。百襲姫命は西海の鎮定と大型外洋船の発注に讃岐を訪れたと考えられる。姉を助けるために、若建《わかたけ》吉備津彦命が讃岐(女木島《めきじま》)に来ている。「倭の大乱《たいらん》」を鎮定した弟たちは五十狭芹彦《いさせりひこ》命、若建吉備津彦命である。吉備の国は平定されたが、吉備の穴海は浅瀬のため、瀬戸内ルートで「鞆の浦から讃岐へ」の航路を百襲姫命は推奨したと思われる。倭迹迹日百襲姫命は讃岐から大和に帰り、唐古・鍵に住み、絵画土器の手を挙げる鳥装の巫女(神子《みこ》)として活躍したと思われる。

『日本書紀』では「倭迹迹日百襲姫命《やまとととひももそひめのみこと》」と記し「美しい青垣の山に囲まれた大和(倭)

で、はばたく美しい鳥（迹迹）、霊力（日）をもち、神と交信できる日巫女《ひみこ》・日神子《ひみこ》で　天照大神の言葉を人民に伝え、桃の霊力をもち、数多く(百回)も困難に襲（襲）われても、神のおつげで国難を救う聖なる姫の命」の意であると言われている。「迹迹《とと》」を鳥でなく、「魂がとぶ」、「十十霊《ととひ》」で「十×十で百《もも》になる霊的な」の意で枕詞であるという説もある。二説とも、百襲姫は「百度も神異がその人を襲う」の意か。姫は神懸《かみが》かりの巫女《みこ》である。日巫女《ひみこ》（卑弥呼）は太陽信仰、霊鳥信仰、意富加牟豆美命《おほかむずみ》にもつながる。日の神、水の神(水主)、稲作の神でもある。姫は、讃岐で水の神(水主)として活躍し、稲作の神として崇拝されている。大和では神の声を聴き、国中に疫病が流行したときは、墨坂《すみさか》神社と大坂《おおさか》神社に赤色の盾矛、黒色の盾矛を祀るよう、進言している。また、姫は内乱も予知し、鎮定している。

　三輪山伝説が『古事記』では「活玉依毘売《いくたまよりびめ》」で地名起源説話となっている。『日本書紀』では「倭迹迹日百襲姫命」で、三輪山・箸墓伝説の二つの説話となっている。『古事記』では百襲姫の巫女的行為が全く記されていないが、『日本書紀』は、神功皇后を卑弥呼に擬しているので、崇神天皇の御代に百襲姫の巫女的行為が記され、箸墓が姫の墓となっている。

　『魏志倭人伝』に「卑弥呼、以て死す。」と記述されている。「以て」の意であるが、何かの事由で死すことで、唯《ただ》の老衰ではない。『魏志倭人伝』によると、倭人は高坏を用い手掴《づか》みで食べるとあり、当時、箸を使っていない。後に、箸は遣隋使により持ち込まれたという。それ故、「ほと（陰）」を箸で突き死んだとする「箸墓伝説」は編纂の時に考えられた創作である。【「箸」とは天理市柳本と桜井市三輪の「端」、彼岸と此岸の橋渡しの「橋」という説もある。】二四八年、九十年ぶりに皆既日食があった。この日食が卑弥呼の霊力の衰えとされ、卑弥呼は精神的に窮地《きゅうち》に陥《おちい》り、高齢であったので死に至ったかも。箸墓古墳・倭迹迹日百襲姫命陵（大市墓）は大和の聖地となった。箸陵《はしはか》（『日本書紀』）が壬申の乱の激戦地となったことは、大和の聖地の奪い合いではないかとも考えられる。『隋書』倭国伝によると、「邪摩堆《やまと》に都す、則ち魏志の謂《い》うところの邪馬台《やまと》なり。」とあり、大和盆地周辺のことか。

壬申の乱で、天武天皇が押さえたのは、箸陵《はしはか》と神武陵である。箸墓は宮内庁では大市墓、市とは「神に仕える女性」の意で語源は「斎女《いつきめ》」。一の巫女であり、大市とは「大巫女《おおみこ》」とか。前述したように、壬申の乱では「墓」でなく「陵」として扱い大和の聖地である。今のような雑木がなければ、葺き石は真っ白だから、聖地として素晴らしい景観である。前述したが、箸は「端《はし》」の意で、天理市柳本と桜井市三輪の橋渡しの意とか。端の中で端中山古墳の方が的を得ている。

箸墓古墳の造営年代も、春成氏等により二五〇年とされ、卑弥呼の死と一致する。炭素測定法には、プラスマイナス四〇年の誤差があり学者の中でも確定できない。後円部にある段構造が前方部で消滅する。造築時期が同時に造られたのではなく、最初に円部が造られ、後に前方部が付け加えられた。『倭人伝』の記載の「径百余歩」が円丘部はほぼ一致する。前方後円墳は初期の段階では死者を祀る後円部がまず造られ、後に前方部が造られた。吉備の楯築墓を基にしたと考えられる。楯築墓は双方中円墳、円丘部の径四〇メートル、突出部を入れると八〇メートルである。（一〇〇頁参照)。楯築墓は讃岐の双方中円墳のモデルとなっている。箸墓は吉備の楯築墓が原型か。特殊器台(円筒埴輪)等、出土品も吉備産が多い。出雲の西谷三号墓も円丘墓である。纏向古墳群には、石塚古墳、纏向勝山古墳・矢塚・東田大塚古墳・ホケノ山古墳と続く。箸墓古墳は卑弥呼の墓ではなく臺與の墓と言う説もあるが、臺與の墓は西殿塚古墳が通説である。箸墓古墳、古墳時代の始まりについては、今後の考古学の探究を待ちたい。

「倭国・邪馬臺国・卑弥呼」は中華思想・冊封体制のもと『魏志倭人伝』で記された漢字であり、日本は東夷・倭国・属国として扱われている。「倭国」・「邪馬臺国」や「卑弥呼」のことが、『記紀』で記載されていない最大の事由である。

倭　国の「倭」は「従う」「なよやかな・くねくねとして遠い」の意。「倭《やまと》」→「大和《やまと》」
邪馬臺国の「邪」は「よこしま・正しくない・いつわり」の意。「山都《やまと》・山門《やまと》・山処《やまと》」
　「馬」は「悪いもののたとえ・罵(ののし)るときのたとえ」の意。
投馬国の「投」は「投げつける」の意。「馬」は「邪馬臺国」に同じ。鞆浦〜詫間。松間国《とうまこく》
不彌国は「彌」の「満ちわたるの」を不で打ち消し、「満ちわたっていない国」の意。
奴　国の「奴」は「身分が低い・捕らえられた女性の奴隷」の意。
卑弥呼の「卑」は「いやしい・身分が低い・位が低い」の意。「日巫女《ひみこ》・日神子《ひみこ》・日御子《ひみこ》」

七一三年に風土記編纂の時の「好字化《こうじか》・嘉字化《かじか》」の逆の「邪字化《じゃじか》、卑字化《ひじか》」とも言える。
他にも斯馬《しま》国、伊邪《いや》国、彌奴《みぬ》国、鬼奴《きぬ》国、烏奴《うぬ》国、邪馬《やま》国、鬼《き》国、姐奴《しゃぬ》国、狗奴《くな》国、・・等々。

中華思想は世界の中で中国が文化・政治の中心であり、周りの他国よりも優越しているという意識・思想である。この中華思想のもと、冊封《さくほう》体制は異民族支配に用いられた。『魏志倭人伝』の東夷《とうい》ということは、「中国の東方に位置する野蛮な異民族」の意である。朝貢した日本国は倭国と呼ばれ、『親魏倭王』の金印を授与されたのだ。東方の異民族を東夷《とうい》、南方の異民族を南蛮《なんばん》、西方の異民族を西戎《せいじゅう》、北の異民族を北狄《ほくてき》とする冊封《さくほう》体制が中華思想である。

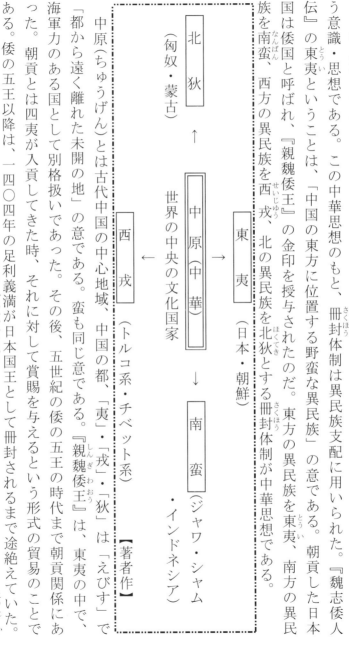

北狄
(匈奴・蒙古)
↑
東夷 ← 中原(中華) 世界の中央の文化国家 → 西戎
(日本・朝鮮)　　　　　　　　　　　　(トルコ系・チベット系)
↓
南蛮
(ジャワ・シャム・インドネシア)

【著者作】

中原(ちゅうげん)とは古代中国の中心地域、中国の都、「夷」・「戎」・「狄」は「えびす」で「都から遠く離れた未開の地」の意である。蛮も同じ意である。『親魏倭王《しんぎわおう》』は、東夷の中で、海軍力のある国として別格扱いであった。その後、五世紀の倭の五王の時代まで朝貢関係にあった。朝貢とは四夷が入貢してきた時、それに対して賞賜を与えるという形式の貿易のことである。倭の五王以降は、一四〇四年の足利義満が日本国王として冊封されるまで途絶えていた。

七一三年、風土記の編纂にあたり、『二字佳名《にじかめい》詔《のみことのり》』がだされ、中国の一字化に対し、好字化《こうじか》

・嘉字化《かじか》、二字化《にじか》が奨励され、倭《やまと》も大和に改められた。『日本書紀』では日本の正史から、倭国・卑弥呼・倭の五王等が、意図的に削除されたと考えられる。六〇七年の国書に「日出る処の天子、書を日没する処の天子に致す。」に見られるように、厩戸皇子もしくは、藤原不比等が「卑弥呼」のことを正史から削除したか。倭国・邪馬臺国・卑弥呼・倭の五王等、冊封体制の屈辱的な産物である。『旧唐書《くとうじよ》』には「日本国は倭国の別種なり。倭国は雅《みやび》ならざるを悪《にく》み、改めて日本となす。日本は旧《もと》小国・倭国の地（北九州）を併せたりと。」とある。

神武の東征は、日向の地、天孫降臨の地・（シラス台地）から、自然災害の少ない大和への移転が不可欠であった。「唐古・鍵遺跡」「弥生の王都」は稲作に適した多重環濠集落である。洪水に対処するため、「纏向遺跡」「イリ王朝」への盆地内の都の移転と考えてよいのではないか。百襲姫は魏に朝貢に行く船を讃岐で建造したと考えられる。吉備で鉄を求め、讃岐で船を造った。また、大型外洋船は帆船でもあったから、伊勢神宮の祭祀で実権をなくした忌部氏は地方に下り活躍した。なかでも、讃岐の忌部《いんべ》氏の手置帆負命の後裔たちは「造船業の主役」であったと考えられる。讃岐と大和の関係は遣隋使・遣唐使等により、密接な関係をもつことになる。余談だが、藤原京の西の橿原市忌部《いんべ》町に「天太玉《あまのふとたま》命神社」があり、閑かに祀られている。忌部町に、『古語拾遺《こごしゅうい》』の撰者、齋部広成《いんべのひろなり》の子孫も居られ、神社が守られている。

前述したように、『古事記』では、崇神天皇の御代、百襲姫の名が一度も記述されていない。天皇は神託を受けるのは床のなかである。神のお言葉は崇神天皇の夢の中に神のお告げとして出てくる。『日本書紀』では、百襲姫は「神霊の憑《つ》く巫女」として、崇神天皇に神の言葉を伝えている。『日本書紀』では崇神天皇の御代を「紀元前九七年から前三〇年」とされていて、『魏志倭人伝』の卑弥呼の朝貢しているのは「神功皇后の時代」である。それ故、百襲姫が卑弥呼とは思われないので、百襲姫の神懸かり的な行動をつぶさに書いたと考えられる。『古事記』では崇神天皇の御代の百襲姫の活躍は記すことができなかったのは、百襲姫が卑弥呼であることを隠蔽《いんぺい》するためか。また、『日本書紀』では箸墓古墳を創作的に大物主大神の妻に仕立て、箸で陰部を突いて死んだとし、百襲姫の墓としている。『日本書紀』の編纂者達は前方後円墳（箸墓古墳）の年代は分からないだろうと考えたと思われる。このことは、箸墓古墳は「百襲姫の墓」であることか。四道将軍にしても、吉備津彦は出雲振根《いずものふるね》の出雲平定に出てくるが、吉備の平定に行ったのは「倭国の大乱」で、孝霊天皇の御代である。百襲姫は大物主大神の妻ではなく、『古事記』の活玉依毘売が大物主大神の妻である。二人の子・大田田根子を大物主大神の祭主として、百襲姫は天皇に進言するのである。

『日本書紀』の年代を置き換えた記述により、崇神天皇の御代が紀元前であるので、百襲姫と卑弥呼は結びつかないと考え、「神霊の憑《つ》く巫女」のこと、箸墓古墳が百襲姫の墓とする箸墓伝説を記述したと推察できる。『日本書紀』の編纂者達は、箸墓古墳の築造が紀元後二五〇年頃と考古学により立証されるとは考えていなかったと思われる。

『日本書紀』の天皇と「歴史上の事実（史実）」の天皇の相関関係表【不比等の力が裏に！】

『日本書紀』の年代　と　天皇	【「史実」の天皇は★印】　中国の文献等
BC六六七～☆神武、東征の途につく。	
BC六六〇～BC五八五　神武天皇	★神武天皇　饒速日命が大和に降臨
BC二九一　●孝霊天皇、都を黒田に遷す。	★綏靖天皇
BC九七～BC三〇　崇神天皇	
百襲姫「神霊の憑く巫女」・箸墓伝説	
BC二九～AD　七〇　垂仁天皇	五七年委奴国王の朝貢
AD七一～AD一三〇　景行天皇	★孝昭天皇　一〇七年帥升の朝貢
AD一三一～一九〇　成務天皇	★孝霊天皇【倭国の大乱の期間と一致】
AD一九二～二〇〇　仲哀天皇	大吉備津彦・若建吉備津彦
AD二〇一～二六九　神功皇后	●倭迹迹日百襲姫が女王卑弥呼として共立
AD二三九、二四〇、二四三年「魏志云」	★崇神天皇
●神功皇后を卑弥呼に擬している。	箸墓古墳（二五〇～二七〇）百襲姫の墓
AD二七〇～三一〇　応神天皇	☆豊鍬入姫　二六六年　臺與の朝貢
AD六〇〇　推古天皇	

※二重線の『書紀』の「置き換え年代」により、「史実」が『倭人伝』等から推測できる。

『日本書紀』の「置き換え年代」は、藤原不比等の冊封体制に対する英断と思われる。

一一　倭迹迹日百襲姫命の衣装・装飾品

糸魚川産の翡翠は緑色で野山を表し、山の神・龍の神であり、霊力が宿る。卑弥呼の首飾りに使われている。中国から伝来したガラス製の勾玉《まがたま》・管玉《くだたま》・小玉が唐古・鍵遺跡から出土し、弥生人の新しい色として、空の青空を手に入れた。青色は川の澄んだ流れ・清流であり、美しい海の色でもある。装身具も、自然の色・山の神と海の神の結合である。ガラス製の青色は、現在のチベットの女性の装身具でもある。

衣装は弥生時代、貫頭衣《かんとうい》であり質素なものが基調であった。しかし、神の声を伝える倭迹迹日百襲姫命・「日巫女《ひみこ》」の衣装は、神の白色を基調に朱色や黄色が使用されたと思われる。朱色は太陽の色であり、血の色である。生命力とか、活力を醸し出す、「日巫女《ひみこ》」にとって必要なものだ。また、権威を持つため、貫頭衣の上に布を羽織り、袖もつけたか。中国からの朱色の帯とか薄い黄色の薄絹等の布を身につけていたと思われる。『倭人伝』に記されている「縫い目なし」の貫頭衣は庶民のもので、卑弥呼の衣服は貫頭衣に鳥装の袖があったかも。清水風遺跡に見られる鳥装のマントのように羽織った「日巫女《ひみこ》」の姿には霊鳥信仰のパワーを感じる。倭迹迹日百襲姫命の迹迹は「飛ぶ鳥」の意か。日は「霊力」の意か。「日巫女《ひみこ》」の白衣の胸に「鹿」が描かれていて、古代から「神の使い」・大地を駆ける「土の精霊」とされていた。

鹿島《かしま》から武甕槌神《たけみかづち》が神鹿に乗って奈良にやってきた。今も奈良公園では鹿を保護している。弥生時代、占いの骨も鹿は神格化され猪へと代わったと考えられる。

一二　鬼道と褐鉄鉱《かってっこう》容器の鳴石《なるいし》・桃の種

唐古・鍵遺跡の第八〇次調査で弥生中期の後半の溝から褐鉄鉱の殻が出土した。褐鉄鉱は良質の精製された粘土に砂礫を巻き付けた鉄分で殻を作る。

褐鉄鉱は二〇〇万年前の奈良市から平群《へぐり》町にかけての大阪層群中で形成されたもので良質の粘土の周りに鉄分が凝縮してできた水酸化第二鉄を主成分とする鉄鉱石の一種である。褐鉄鉱の内部の粘土は乾燥し、収縮した粘土の壁にあたり、音を出すことから、江戸時代、好事家の間で「鳴石《なるいし》」「鈴石《すずいし》」と呼ばれている。中国では、「禹余糧《うよりょう》」・「太一余糧《たいつようりょう》」と呼ばれ、不老不死の仙薬として使用されている。粘土は不老不死の薬効を持ち、褐鉄鉱容器は道教思想と関係がある。容器の中にあった翡翠《ひすい》は永遠の呪力を持つものとされる。鬼道とも関係があり、卑弥呼が使っていたものかも。翡翠《ひすい》の勾玉《まがたま》には永遠の生命力（霊力）が宿り、魔除け的な要素もあり、装身具、祭祀用として使われていたと思われる。「子持勾玉《こもちまがたま》」を考えるとその感が一層強くなる。纒向遺跡から出てきた桃の種も神仙《しんせん》思想である。中国では西王母《せいおうぼ》は古代人々から不老不死の薬を持つ神仙と言われ、崑崙《こうろん》山に住む仙女世界の女王的存在であった。西王母の宮殿に

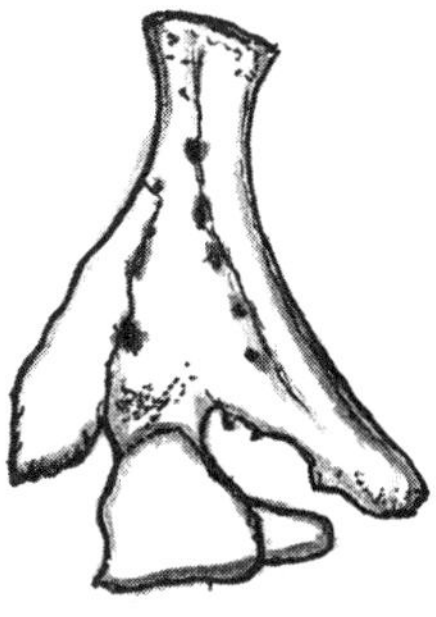

は巨大な桃の木があり、三千年に一回、実をつけるという。その桃を供えて西王母を祀るのだ。

このことは『古事記』にも反映され、伊弉諾尊《いざなぎ》が黄泉《よみ》の国から逃げ帰るとき桃の実を三つ投げて生還した。伊弉諾尊《いざなぎのみこと》は桃の実に「意冨加牟豆美（大神の霊）」という名前を与え、自分を助けてくれたように、青人草《あおひとくさ》（人間）を救ってくれとお願いする。纒向遺跡の一六八次調査で、桃の種が二七六五点と、大量に見つかった。この桃の実は祭祀用に使われたと考えられている。日本の鬼道は精霊的信仰（アニミズム）であり、後漢末の原始道教とは類似的な要素もある。これらのことから、弥生時代、中国の神仙思想に端《たん》を発し、太平道（張角《ちょうかく》）・五斗米道《ごとべいどう》（張陵《ちょうりょう》・張衡・張魯《ちょうろ》、五斗米道《ごとべいどう》の大成者・張魯の母は鬼道を行う。王羲之《おうぎし》も信者）にも影響を与え、道教との関連があったことが読み取れる。

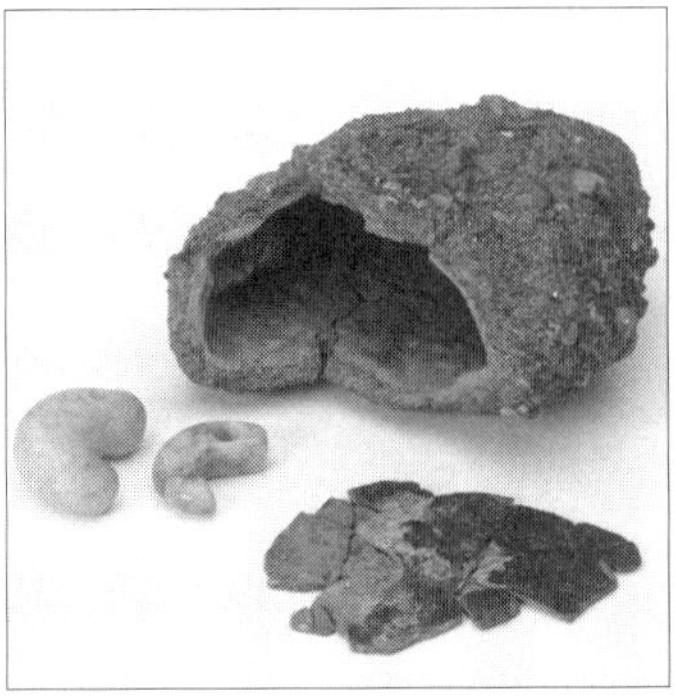

【褐鉄鉱《かってっこう》容器と翡翠《ひすい》の勾玉】

【ヒスイ製の勾玉《まがたま》】
新潟県・姫川（糸魚《いとい》川市）　上質のもの
五・三cm　六〇グラム

【田原本町教育委員会唐古・鍵考古学ミュージアム蔵】

【「祭り」と呪術・自然崇拝と精霊崇拝《すうはい》・祖霊崇拝】

日本の原始宗教は、自然界のすべてのものに、神や精霊が宿るとする精霊崇拝《せいれいすうはい》、祖先《そせん》の霊を崇拝する祖霊崇拝《それいすうはい》である。死者の霊が生者に禍福をもたらすという信仰で、縄文時代の土偶《どぐう》の信仰の霊魂《れいこん》の再生《さいせい》にも繋《つな》がる。神々の霊や万物の精霊《せいれい》、死者の霊魂《れいこん》を招《まね》き、霊魂《れいこん》を鎮《しず》め、霊魂《れいこん》を祀《まつ》る。卑弥呼は神と人との間を介する巫女的存在であり、神々と交信し、神から神託を受け、神の神託を人々に伝えた。日本人の宗教観はアニミズムである。

稲作儀礼(日の神・水の神)と「祭り」『神と自然と人との調和』　【『古事記』の神代】

・鹿の骨は一年ごとに生え代わり、稲作の成長と鹿の角の成長が重なり、鹿は「土地の精霊」とされた。鳥装の巫女の正装に集約される。骨卜《ぼく》は鹿骨から猪骨に代わる。

・銅鐸《どうたく》は近畿では祭りの儀礼に使われた。「聞く銅鐸」から「見る銅鐸」へと大型化していった。それ故、外枠は粘土を使った。石製鋳造型から土製鋳造型へ。

・儀礼用建物として、「神殿」「祭殿」(棟持ち柱のある建物)が造られた。

・司祭者を表した巫女の絵画土器が出土する。祖霊・子孫の守護霊と豊穣を祈る。
卑弥呼に仕えていた千人の巫女は、倭国の各邑邑の巫女の人数と考えられる。

・鳥の絵は、播種に関係あり、ツルとサギが多い。鳥装の巫女である。鹿の仔を妊《みご》った巫女。
日本列島は神山であり、徐福伝説(秦の始皇帝の命で蓬莱山を目指したという)がある。神仙思想と不老長寿の薬草のある島である。太古から中国人にとって倭国は「理想郷」であった。

一三『魏志倭人伝』に記された倭人の風俗　【「信憑性《しんぴょう》あり」と言われている】

・入れ墨、男は皆、顔と体（胸）に入れ墨をしている。蛟竜《こうりよう》（水の精）に祈る。大魚や鮫や水鳥から身を守るため。素潜りで魚やアワビを捕らえる。大久米《おおくめ》命の目尻にも

・男は結髪、女は垂れ髪か結髪、男女関係は淫らでない。

・衣服は縫うことはしない。男は横幅の広い荒い布を肩にかけて腰に回して止めた服・「架裟衣《けさい》」、女は単衣で、布の中央に穴をあけて首を通す服・「貫頭衣《かんとうい》」である。

・武器は矛、楯、弓、弓は手の握りの上が長い。竹の矢で鉄の鏃、骨の鏃《やじり》をつける。

・食事は竹製や木製の高坏《たかつき》を用い、手づかみで食べる。酒を好む。会席のときは、男女親子の序列がない。【「箸」は遣隋使（推古《すいこ》天皇の御代《みよ》）により、日本に持ち込まれる】

・暦による正確な年次、四季を知らない。ただし、春の耕作と秋の収穫を記憶して、年数を数えるのみである。【耕作期と収穫期の一年を二回数えた】　裴松之の注記『魏略《ぎりゃく》』

・大人を見ると、ただ、手を打って、敬意を表し、ひざまずいて拝むことに代えている。

・長寿で百歳、あるいは、八〇・九〇歳である。

・大人には五人、四人の妻がおり、庶民でも三人、二人の妻がいる。妻たちは淫らでなく、嫉妬《しっと》もしない。（一夫多妻か）【一戸は二家、一家に五人として、一戸に一〇人】

・盗みもないから、争いや訴えごとも少ない。

・法（慣習法）を犯す者がいれば、罪の軽い場合は、妻子が官に没収（奴婢にする。）

重い場合には、親族、さらに一族全体にまで、連帯責任が及ぶ。「和の精神」

・何かことが起き、決断に迫られると、すぐに鹿の骨を焼いて、吉凶を占う。まず、占いの内容を告げ、その宣告には権威がある。（鹿卜《ろくぼく》）、『記紀』には「亀卜《きぼく》」はみえない。

・倭の土地は温暖で、冬も夏も生野菜を食べる。穀類、稲、イチビ、麻を植え、蚕を桑で飼って、糸を紡ぎ、細やかに織った麻布、絹布、楮の布を産出する。

・牛、馬、虎、豹、羊、カササギはいない。

・朱丹（赤色顔料）を身体に塗っている。後の「あおによし」とも関係あるか。

・樹木には梅・杼《ドングリ》・樟《くすのき》、楺(ボケ)、櫪《くぬぎ》、投（松・杉?）、橿《もちのき》、烏號《うごう》(山桑)、楓香《ふうこう》(カエデ)がある。竹にはシノダケ、ヤダケ、トウがある。投は松か。※投は股の転写ミスか。股は松のことか。★投馬国は松の生育している島々の点在している備讃瀬戸のことか。

・ショウガ、タチバナ、サンショウ、ミョウガもあるが、食べればおいしいことを知らない。

等々、倭人の風俗については詳細に記述され、弥生時代の様子がよくわかる。

一四「唐古・鍵遺跡」・「纏向遺跡」の広域交流

唐古・鍵遺跡の出土品。特に土器は筑紫(一点)・吉備の器台・尾張産。姫《ひめ》川流域（新潟県糸魚川市周辺）から産出する翡翠《ひすい》の勾玉の出土。丹後産の水晶の玉類。大阪湾や伊勢湾の魚介類、近接する摂津・河内・和泉・紀伊・近江の土器が出土している。その割合は、全体の三〜五％

ぐらいである。それに対して、纏向遺跡は、少ないところで一五%、多いところでは三〇%が外来系の土器である。他の地域との交流が盛んであったことがうかがえる。纏向遺跡は邪馬臺国の王宮であったことが伺うことができる。また、封泥《ふうでい》が朝鮮の楽浪郡から出土したように封泥が見つかると決定的だ。「封泥《ふうでい》」とは荷物を入れた袋や箱にかけたひもの交差したところに封緘するために付けた粘土状の泥の上に印を押したものである。泥が火災に遭って焼けていないと残っていないであろう。唐古・鍵遺跡の弥生式土器は、一九三七年の最初の発掘の時から大量に出土した。そこで、近畿を中心とする土器の物差しが、一九四三年、京大の小林行雄氏によって、唐古・鍵遺跡の土器をもとに、日本で初めて、近畿を中心とする土器の物差し・土器編年が報告された。これによると、弥生時代六〇〇年を五期にわけ体系的な編年が初めて提示された。

［一期］壺、甕、鉢、高坏《たかつき》で、壺、甕には蓋付きのものがある。文様は、ヘラ描きの凸帯で、器面は赤色染料で彩色したものが多く全体を研磨調整している。

［二期］壺は細い頸《くび》、頸なしで、大型のものが多い。文様は、櫛描《くしが》きで優雅である。一期・二期とも、土に砂が混ざっている。

［三期］壺に水差し型が現れ、台付き鉢など多様。櫛描《くしが》き文で飾った赤褐色の器で薄い。刷毛目や箆《へら》削りの技法が用いられる。

［四期］大型器台が現れる。壺は台付き頸なし。凹線文や箆《へら》による原始的な図柄を

描く斬新さがある。刷毛目や叩《たた》き目で整った形である。

［五期］壷は長頸《ちょうけい》が多い。篦《へら》描《が》き文や竹管文、記号の文様で器面を埋める。土、焼き、整形は粗製である。

纏向遺跡の土器も一二三個のうち、東海が四九％、山陰・北陸が一七％、河内一〇％、吉備七％、関東五％、近江五％、西部瀬戸内三％、播磨三％、紀伊一％である。外来系の土器が多い。東海が四九％は狗奴国《くなこく》との関係か。【関東・北陸・西部瀬戸内・吉備まで広域的な交易】

一五『記紀』と弥生時代の倭国（稲作（遠賀川《おんががわ》式土器）の東進と神武の東征）

七千三百年前、火の国・九州の鬼界《きかい》アカホヤ噴火により縄文早期の南九州は壊滅状態（火山灰三〇㎝以上）に陥った。九州の人々は噴火による火山灰（天岩戸）により太陽（天照）は姿を隠し、大地は火山灰で生活はできなくなり、北九州・朝鮮半島南部・山陰・東日本に移住した。朝鮮南部と東日本が最適な避難場所であった。噴火から九百年後、火山灰がおさまると、半島南部の倭人は①筑紫（北九州）に帰ってきた。縄文時代中期（紀元前五千年）、温暖化で人口が二六万人を超えたときも、西日本の人口は三・六％で、縄文時代は東日本が中心であった。

天《あま》の瓊《ぬ》矛《ほこ》で青海原《あおうなばら》海洋をかき回し海水を凝固させ島を生む「国生《くにう》み神話」。縄文時代から弥生時代に、「三貴子」の誕生から「出雲神話」へ、筑紫・「倭国」へと展開していく。

九州（筑紫）・倭国は日本で最初の稲作の伝播した処であり（B.C. 九五〇年頃）、伊弉諾尊の

「禊《みそぎ》」の地・「天孫降臨の地」である。稲作の伝播の弥生草創期の一〇〇年は、縄文と弥生の入り交じった生活文化であり、弥生前期は稲作と石器、弥生中期は稲作と鉄器へと変容していく。
〈弥生時代の特色は①環濠集落（定住化）②支石墓（階級制・指導者）③中国との朝貢（国際化）〉

末盧国《まつらこく》・菜畑《なばたけ》遺跡（唐津）、奴国《なこく》・板付《いたづけ》遺跡（博多）、須玖《すく》岡本遺跡（王墓）（春日）、伊都国《いとこく》・三雲《みくも》南小路遺跡・平原《ひらばる》遺跡（内行花文鏡）（前原）★一大率、不弥国《ふみこく》（宇美）、吉野ヶ里遺跡（邪馬臺国）・（菊池川）☆岡田宮・立屋敷遺跡（遠賀川・洞海湾）★辰韓から鉄器
☆委奴国→倭国へ（旧唐書《くとうじょ》）◎倭国・北九州連合（倭国王帥升）天孫降臨の地・日向★鉄鏃

朝鮮半島の最南端と広義の筑紫は倭国であった。筑紫から出雲、吉備・讃岐、河内・大和へと稲作が伝播した。太古の出雲は宍道湖の西に「神門水海《かんどのみずうみ》」という湖があり、この湖に斐伊《ひい》川は流れ、肥沃な湿地地帯であった。須佐之男《すさのお》命は斐伊《ひい》川の氾濫を治め、尊孫の大国主神が少名毘古那神と国造りをした。出雲の勢力が強かったのは、筑紫の次に稲作の伝播した地で、「神門水海《かんどのみずうみ》」という湖の湿地地帯は最適な場所であった。天照大神は出雲の大国主神に国譲りを迫る。大国主神の和御魂・大物主神（大神神社の祭神）は少名毘古那神と大和で国造りを始める。邇芸速日《にぎはやひ》命が神倭伊波礼毘古《かむやまといわれびこ》命に先立ちて大和に入る。邇芸とは「稲穂が赤らみ豊かに実ること」であり、稲作には日の神・水の神、「清き明き心」「自然を純粋に愛する心」「和の心」が不可欠である。「神話」は弥生時代の稲作と深い関係がある。

・出雲に荒神谷《こうじんだに》遺跡（銅剣三五八）、加茂岩倉《かもいわくら》遺跡（銅鐸三九）八岐大蛇（斐伊川《ひいがわ》）と須佐之男
妻木晩田《むきばんだ》遺跡、青谷上寺地遺跡、楽々福神社（★蹈鞴）【大国主神・国造り・陸地】
・吉備に鬼《き》ノ城《じょう》、☆楯築《たてつき》遺跡の王　吉備穴海　吉備津神社　☆髙島宮（★武器の調達）
・讃岐に女木島（鬼ヶ島）、水主神社、田村神社、　金毘羅宮【大物主神・国造り・海原】

【「河内湾」から「河内潟」（紀元前一〇五〇から前五〇まで）後に、「河内湖」】

吉備は「吉備穴海《きびのあなうみ》」があり、大和には「河内潟」・「大和湖」がある。何処《いずこ》も稲作に適した湿地地帯であった。神日本《かむやまと》磐余彦《いわれびこ》尊の東征の前に、邇芸速日命《にぎはやひ》（物部《もののべ》氏の祖）が、河内から大和盆地に入り、長髄彦《ながすねひこ》の協力を得て大和を治めていた。九州の天孫降臨の地・日向に稲の種を播いた邇々芸命《ににぎ》。日向三代、薩摩と日向の南部はシラス台地、アカホヤに悩まされていた神武は「水稲に適した地」を求めての東征となった。他に、四国から近畿（宇陀）への「水銀の鉱脈」を求めての東進とする説もある。「天孫降臨」伝承と「呉軍渡来」を結びつける説もあり、邇《に》芸速日《ぎはやひ》命と神武天皇等が呉国の逃亡者という人もいるが、呉軍渡来説は時代的に無理がある。古墳時代に出土の「三角縁《さんかくぶち》神獣鏡」が呉の工人の鋳造とすると、「三角縁神獣鏡」の謎は解けるが、邇芸速日《にぎはやひ》命や神武の東征は「倭国の大乱」より、前の時代・B.C.六〇・四〇年頃の出来事であり、呉国の建国は、紀元後二二二年である。呉軍渡来説は成り立たない。

『古事記』では、日向の高千穂は天孫降臨の地。瓊瓊杵尊《ににぎのみこと》は木花開耶姫《このはなのさくやびめ》と結婚（西都原《さいとばる》遺

跡)。日向三代。神武天皇は高千穂《たかちほ》、宇佐《うさ》から北九州の倭国・岡田宮(遠賀潟・太古洞海湾)に立ち寄り、九州の倭国連合と話し合い、軍船等、援助を得ての近畿・ヤマトへの東遷である。途中、多祁理宮《たけりのみや》、髙島宮に立ち寄り、武器を調達し「河内潟」へ、長髄彦《ながすねひこ》との戦いに敗退し熊野を経て大和に入り、邇芸速日《にぎはやひ》命の援助で大和を平定する。皇后の選定で三輪族と合体。橿原宮を都とする。神武の東征は、稲作先進地・倭国から自然災害の少ない大和への移動であった。

稲作の伝播は「弥生文化(遠賀川式土器)」の東進である。北九州(B.C.九五〇年)から、出雲(B.C.八世紀)、吉備(B.C.八~六世紀)、河内地方の弥生前期がB.C.六〇〇年代後半~B.C.三八〇から三五〇年頃、河内(B.C.六〇〇年)。「唐古・鍵遺跡」はB.C.七八〇~四七〇年であり、B.C.五五〇年とか。何処《いずこ》も稲作に適した湿地地帯であった。【北九州伝播、B.C.八〇〇年説もある。】

神武の東征の時期は、「河内潟」の潮流の記述から弥生の中期の終わりと考えられる。画文帯同向式神獣鏡の出土状況から考察して、考古学的にも史実であったと思われる。【東遷説】

倭国の北九州連合と投馬国《とうまこく》(吉備と讃岐)が話し合い卑弥呼を共立し、大和を倭国の都とする。大和の「唐古・鍵遺跡」(B.C.五五〇年頃~)を拠点集落として、大物主神と少名毘古那《すくなびこな》神による「国造り」がはじまる。邇芸速曰《にぎはやひ》命と神武(邇々芸《ににぎ》命の曾孫)とは同族である。

欠史八代は欠史でないと私は考えている。二代の綏靖《すいぜい》天皇の兄・神八井耳《かむやいみみ》命は太安萬侶《おおのやすまろ》の祖である。二代から六代まで、葛城に宮を構え、大和の高地性集落と大和西南部の平定は政略結婚による融和政策で、武力による鎮定ではない。高天彦神社の近くに土蜘蛛《つちぐも》の窟《いわや》がある。

葛城《かつらぎ》王朝は高丘《たかおか》宮から秋津島《あきづしま》宮までである。七代孝霊《こうれい》天皇(大倭)の御代には十市《といち》・師木《しき》の県主の妃を迎え、盆地の中央部を固め、「唐古・鍵遺跡」に拠点を移した。陵墓を大和川の「亀《かめ》の瀬《せ》」のある王寺町の高台(片丘馬坂陵《かたおかうまさか》)に求め、風通しをよくし、河内との連携を強固にした。

「唐古・鍵遺跡」は弥生前期の遺跡で中国風の楼閣のある「弥生の王都」であった。天孫降臨の地(日向)、稲作の伝播の先進地(筑紫)は倭国である。弥生の後期、一五〇年から一九〇年まで四〇年間の異常気象、四〇年間、洪水・干ばつが続き、凶作となり、西日本を中心にムラとムラの間に備蓄米《びちくまい》の争奪が起こる。このことが発端となり、西日本全域に「倭国の大乱」が起こる。鎮定《ちんてい》後、倭国(北九州連合)と吉備国の王等が話し合い、女王・卑弥呼を共立する。倭国の北九州連合の勢力拡大と考えられる。近畿から濃尾平野・甲斐《かい》国辺りまでが倭国となる。

弥生から古墳時代、前方後円墳は近畿・瀬戸内・北九州地方に繋がり、前方後方墳は滋賀辺りから東日本に繋がる。四隅《よすみ》突出型墳墓は出雲・伯耆《ほうき》・越《こし》国の日本海沿岸である。前方後円墳の分布範囲から考えても、大和から備讃瀬戸を経て、筑紫へと繋がる。「倭国連合共立体制」である。【桓帝（一四六～一六七）、霊帝（一六八～一八八）・倭の大乱『後漢書《ごかんじょ》』】

孝霊《こうれい》天皇の御代《みよ》、黒田廬戸《いほと》宮。三世紀初め、唐古《からこ》・鍵《かぎ》遺跡から纏向《まきむく》王宮へ。「イリ王朝」。

崇神《すじん》天皇の御代・磯城瑞籬《しきみずかき》宮。度重なる河川の氾濫、疫病の流行等の国難を乗りきるため、天皇が神々を神浅茅原《かむあさぢはら》に集め、倭迹迹日百襲姫命に神懸《かみが》かりして、神の声を天皇に伝え、大和が平穏になった。垂仁の纏向珠城《まきむくたまき》宮。景行の纏向日代宮《ひしろのみや》。百襲姫命・卑弥呼が通説であるが、百襲姫命は『日本書紀』によると、孝霊天皇の皇女で、孝元天皇の御代から崇神天皇の御代まで活躍したこととなる。百襲姫命は亡くなったときは、八五歳前後の高齢であった。

崇神の皇女・豊鍬入姫命《とよすきいりびめ》が宗女・臺與《とよ》であるか。倭迹速神浅茅原目妙姫《やまとととはやかむあさぢはらまぐはし》等のことも、百襲姫命と関連があると思われるが、定かでない。狗奴国との争いは卑弥呼の死後、一時的に治まったが、すぐに乱れる。その後、一三歳の宗女臺與が女王となり治まる。

『晋書』によると、倭国女王臺與（三〇歳）の遺使は二六六年に入貢している。晋王朝の誕生と武帝の即位を奉祝し、女王卑弥呼に与えられた『親魏倭王《しんぎわおう》』から『親晋倭王《しんしんわおう》』への意を伝え、女王臺與が崇神天皇の摂政となる報告であった。

『後漢書』には一〇七年、倭国王《わこくおう》帥升が生口、一六〇人を献じたとあり、大遣史団となる。

『魏志倭人伝』では、その後、倭国が乱れ「倭国の大乱」が起こる。『隋書』倭国伝には「都於邪靡堆《やまと》。則魏志所謂邪馬臺《やまたい》者也。」とあり、裴世清《はいせいせい》は推古天皇と摂政の厩戸皇子に会い、『倭人伝』の王都である邪馬臺国《やまたいこく》を大和国としている。伊都国《いとこく》に「一大率《いちだいそつ》」を置き、統治させる。

私は、「狗奴国《くなこく》」を尾張の「朝日遺跡」と考えている。景行《けいこう》天皇の御代、倭建命《やまとたける》は熊襲・出雲平定後、東国の平定のために伊勢神宮に詣り、倭姫命《やまとひめみこと》と会う。倭姫命《やまとひめ》・臺與《とよ》説もある。倭建命が熊襲《くまそ》と出雲の平定後、東日本の平定を行っているが、熊襲・出雲は不平分子の平定であった。③倭姫命・卑弥呼説もあるが、倭姫命は呪術は行っていなし、時代的にも合わない。

一六　「弥生時代の船」・「製塩土器」（古代の製塩）と讃岐

壱岐の原《はる》の辻《つじ》遺跡から千葉県の富士見台遺跡・天神台遺跡（千葉県）まで、二十三の遺跡で船の絵画土器が出土している。瀬戸内の「御領《ごりょう》遺跡」（福山市）で、屋根のある船室を備えたゴンドラ形準構造船の絵画土器が出土した。波よけ板（堅板）・舷側板・屋形（船倉）・旗竿《はたざお》等が描かれている。妻木晩田《むきばんだ》遺跡《いせき》・青谷上寺地遺跡等からも出土している。ゴンドラ形大型準構造船の代表的なものは「清水風遺跡」である。すべて、弥生中期後半から後期のもので、三重から千葉のものが七個、瀬戸内のものが樽味高木遺跡十二個、鳥取が三個と壱岐《いき》である。中でも愛媛県松山市の「樽味高木《たるみたかき》遺跡」の大型準構造船は、詳細に描かれている。また、木に描かれた船は、福井・石川から出土している。これらのゴンドラ形大型準構造船は大航海時代の先駆けか。海のシルクロードを航海していたという説もある。弥生の後期、瀬戸内を中心に帆柱も備えた大型準構造船が運航していたと思われる。袴狭《はかざ》遺跡（出石町）から、外洋船団の線刻画の杉板が見つかった。その中に準構造船もあり「大船団」を組んでいたことが伺《うかが》える。

『後漢書』には一〇七年、倭国王帥升が生口、一六〇人を献じたとある。三十艘を超える船団の大遺史団となる。海運力は海軍力と繋がり、倭国は中国の東の海を支配していた。弥生後期、ゴンドラ型の大型外洋準構造帆船の造船技術も高いものがあったと考えられる。造船業は筑紫と瀬戸内が考えられる。讃岐善通寺市の大麻《おおさ》神社は、忌部氏の祖神・天太玉命《あまのふとだまのみこと》を祀る。詫間・多度津・庵治・塩飽《しわく》諸島等には優れた船大工・水夫がおり、古代から高度な造船技術を持っていて、船の応急措置修繕や水先案内をしていたと考えられる。古くから、讃岐国には天太玉命の子孫・讃岐の忌部《いんべ》氏の祖・手置帆負命《たおきほおいのみこと》が祀られている。讃岐の忌部氏は朝廷に「矛竿《ほこさお》」を献上している。忌部氏により、讃岐は「造船大国」となり、大型ゴンドラ外洋準構造船に帆をかけ、大海に進出したと考えられる。瀬戸内には水先案内人がいた。「帥升」は筑紫・倭国の首長か。他に、吉備の楯築王とか。綏靖天皇や孝昭天皇を「帥升」とする説もある。「靖」は呉音でジョウとも読める。

古代の製塩は「製塩土器」に海水を入れて、煮詰めて塩をとる。「製塩土器」に海水を入れて煮詰める。「製塩土器」の編年は讃岐と吉備であり、備讃瀬戸の脚台式製塩式土器は体部と脚台部の間に、粘土を充填して作る。弥生中期の後葉からである。塩は生活必需品である。讃岐の「下川津《しもかわつ》遺跡」(丸亀平野)の粘土の採出地は石清尾《いわせお》山の南麓である。石清尾山の東は高松平野である。下川津《しもかわづ》式のⅤからⅥが庄内《しょうない》式Ⅲから布留《ふる》式0への移行期にあたる。

西播磨の八遺跡では土器の過半数が讃岐である。このことは、讃岐と西播磨の繋がりがよく分かる。「東瀬戸内」の拠点は讃岐であった。備讃瀬戸から讃岐へ、播磨を経て、河内・近江・大和へのルートの証である。　製塩は、生きるための必需品であり、讃岐・吉備・備讃瀬戸が生産地である。

一七　まとめ（「弥生の王都」から「倭国の王都」へ）

私は「唐古・鍵遺跡」を邪馬臺国の中心地とし、「倭《やまと》は国の真秀《まほ》ろばのへそのへそ」と考えている。弥生中期は唐古・鍵遺跡（清水風遺跡）を拠点集落として、弥生後期の後半から、纒向遺跡を拠点とした邪馬臺国の姿が見えてくる。唐古・鍵遺跡・「弥生の王都」は広範囲にわたる交流と楼閣・ゴンドラ形状の大型外洋準構造帆船・「持衰《じさい》」・「顔の入れ墨」・「絵画土器」等々と『魏志倭人伝』の記述と重なる。環濠集落であった唐古・鍵遺跡及びその周辺から出土した絵画土器は、『魏志倭人伝』に記述されたことを立証している。また、『古事記』『日本書紀』『風土記』『日本の神々』等を読み解くと卑弥呼が「倭迹迹日百襲姫命」だと思われる。

讃岐の水主神社・田村神社の祭神が倭迹迹日百襲姫であることは、百襲姫が日巫女《ひみこ》説を裏付けるものである。孝霊天皇の皇子で、黒田の宮で産まれた百襲姫の弟たち、大吉備津彦・若建吉備津彦であり、若建吉備津彦は姉の西海の鎮定に讃岐に渡っている。鞆の浦から詫間へ、投馬国の吉備・讃岐説は「倭国の大乱」・「女王の共立」・「倭迹迹日百襲姫・日巫女説」と表裏一体のものである。

『記紀』では、「唐古・鍵遺跡」の近くに都を構えたのは孝霊天皇である。倭国の大乱を治めるためには軍事力もあったと思われる。「唐古・鍵遺跡」は三ヵ邑が合わさった拠点集落であり、多重環濠は唐古・鍵の集落の労働力だけで築かれた環濠ではない。周辺の邑からも助力があって築造されたと考えられる。大和盆地の盟主的存在であった。その証が、広域的な交流と弥生中期の大型建物跡に伺うことができる。大穀倉地帯は豊かな財力を持ち、軍事力へと繋《つな》がる。孝霊天皇の陵墓が片岡馬坂にあることは風通しをよくし、邪馬臺国内の大和と河内との繋《つな》がりを強固なものとした。さらに、西国の鎮定は、大和と吉備・讃岐との結束を強めた。『魏志倭人伝』の記述が、中国の中華思想のもと「冊封体制の所産」であったから、『記紀』では邪馬臺国や卑弥呼は封印されたのである。『日本書紀』の置き換え年代により、卑弥呼・臺與の活躍した二〇一～二六九年を神功皇后に比定《ひてい》したことにより、紀元前の崇神天皇の御代に、百襲姫の巫女《みこ》としての活躍したことや「箸墓伝説《はしはかでんせつ》」が記述されている。藤原不比等《ふじわらのふひと》は対等外交の所産《しょさん》として、『日本書紀』を正史としている。『日本書紀』で卑弥呼を神功皇后に擬したことにより、卑弥呼が百襲姫であり、箸墓古墳・大市墓(百襲姫の墓)が卑弥呼の墓であると思われる。そして、女王・卑弥呼の墓は、崇神天皇が「祭政一致」により、天皇としての地位を固める処であったと考えられている。それ故、箸墓古墳は「大和《やまと》の聖地」であり、壬申の乱では激しい争奪戦となった処である。

多重環濠地帯の「唐古・鍵遺跡」のから、太田北微高地の「纏向遺跡」に入り、国を纏《たば》ねた。崇神天皇の諱《いみな》は「ミマキイリヒコ」・垂仁天皇の諱は「イクメイリヒコ」から「イリ王朝」と言う。「纏向遺跡」に都を移転として、より広域的交流を図り、巨大な前方後円墳を造った。遺跡からは祭祀用の円筒埴輪、桃の種、ベニバナ、木製の仮面、弧文石（吉備の弧帯文石がもとか）等が出土し、「倭国の王都」として、祭祀儀礼が行われたと考えられる。

原《はる》の辻遺跡、沖ノ島の祭祀遺跡、末盧国の菜畑《なばたけ》遺跡・宇木汲田《うきくんでん》遺跡、伊都国《いとこく》の三雲《みくも》遺跡・平原《ひらばる》遺跡、奴国の板付《いたつき》遺跡・須玖《すく》岡本遺跡(王の墓)、吉野ヶ里遺跡は邪馬臺国(山麓)という説もある。吉野ヶ里遺跡より比恵那珂《ひえなか》遺跡、須玖岡本《すくおかもと》遺跡の方が広い。それ故、吉野ヶ里遺跡とその周辺を入れ、邪馬臺国とする。鉄鏃、鉄器、絹製品等の出土が集中。「狗古智卑狗《くこちひく》」を菊地市とし、熊本県北部を狗奴国とする。しかし、伊都国に一大率を置いたとあるので、吉野ヶ里遺跡(佐賀平野)では、近すぎると事由で、邪馬臺国は北九州ではないと思われる。

出雲の神庭荒神谷《かんばこうじんだに》遺跡(三五八本の銅剣)・加茂岩倉《かもいわくら》遺跡(三九個の銅鐸)・西谷《にしたに》墳墓(四隅突出型墳丘墓)等は、出雲の先進性を示している。「倭国の大乱」も妻木晩田《むきばんだ》遺跡・青谷上寺地《あおやかみじち》遺跡(人骨に銅鏃が突き刺さっている)等の瀬戸内の高地性集落の平定は孝霊天皇の御代か。大和は出雲と吉備の合体することを恐れていた。出雲の平定後、楯築王の主導で女王を共立し、倭国の団結を強固なものとした。楯築王《たてつきおう》は讃岐に遠征していた百襲姫命のことを知っていて、女王として推薦したか。吉備産器台は「唐古・鍵遺跡」からも出土している。百襲姫命は共立されたとき、この遺跡で祭祀を行ったか。楯築王墓・「双方中円墳」が讃岐の石清尾山《いわせおやま》古墳群(猫塚・鏡塚)・大和の櫛山《くしやま》古墳へ、吉備の「双方中円墳」を基《もと》に、大和の纏向石塚・箸墓古墳の「前方後円墳」が造られた。その後、古市・百舌鳥《もず》古墳群・吉備(造山古墳)・讃岐、筑紫で造られ、「前方後円墳」が全国に広まった。祭祀用の儀器も吉備の「特殊器台《きだい》」「特殊壺」が受容され「円筒埴輪《えんとうはにわ》」となったと考えられている。前方後円墳は古墳時代の到来である。銅矛・銅剣も筑紫から近畿へ、文化圏が移動し、銅鐸が消えている。逆に、前方後円墳が瀬戸内を経て築紫に入っている。筑紫・倭国から大和への連続性を考古学が証明している。出雲国・越国は、「四隅突出型墳墓」で、前方後円墳はほとんど見られない。

「朝日古墳」は東日本最大の規模の遺跡であり、「唐古・鍵遺跡」の倍である。環濠の外側に柵、逆茂木《さかもぎ》、乱杭《らんぐい》列を巡らした強固な防御帯(城塞)である。多孔銅鏃《たこうどうぞく》、円窓式土器、赤彩土器(ベンガラ)、S字甕《がめ》等、出土品も近畿と違う。遠賀式土器も出土していて筑紫との繋がりもあり、倭国の一部である。男は顔(人面文《じんめんもん》土器)と体に入れ墨がある。女王に属さず、男子を王となし、その官に狗古智卑狗《くこちひく》がいるとある。墳墓も近畿と異にする「前方後方墳」であり、私は『魏志倭人伝』にいう「狗奴国《くなこく》」と考えている。弥生時代後期から古墳時代への考古学が、私たちに「日本の歴史が大和の王権から大和朝廷へ」と流れていく示唆を与えてくれている。

終わりに、『魏志倭人伝』の撰者・陳寿に触れておこう。陳寿は蜀の人で、二三三年に生まれ、二九七年没、享年六十五歳である。彼は『魏略』を基本として、『漢書』により補完した。南朝宋の裴松之の注には、『魏略』をはじめとする逸文が残っている。『魏略』の逸文に「倭在帯方東南大海中。依山島為国。・・・皆倭種。」とあり、『魏志倭人伝』は「倭人在帯方東南大海之中。依山島為国邑。・・・」で始まる。「倭国は帯方の・・・」としなかったのは、倭国の領域が漠然としていたためか。また、張政の記した「女王国」を多用している。一大率等、権力のある伊都国、財力のある奴国、「女王の都する所・邪馬臺国《やまとこく》」等々、『後漢書』には「大倭王は邪馬臺国に居る。」『隋書』にも「邪靡堆に都す・・・」とあり、邪馬壹国《やまいちこく》は邪馬臺国《やまたいこく》の誤写である。陳寿は西晋に仕え、『魏志倭人伝』は二八〇年から二八四年までに執筆された。

他に『諸葛亮集』等の著名な著書を残している。諸葛亮《しょかつりょう》は「諸葛孔明《しょかつこうめい》」のことである。

大和　真秀ろば・「古事記の里」にむけて

『記紀』の神話と神憑《かみがか》り的な天皇のことは、縄文から弥生中期までの出来事である。『古事記』の天照大神は太陽（清き明き心）、月読神は月、水、風、山、海等々、全てのものに神が宿り、自然現象も神の業《わざ》であるとする自然崇拝・精霊《せいれい》崇拝、祖霊《それい》崇拝である。稲羽《いなば》の素菟《しろうさぎ》（直《なお》き心）、淡路・筑紫・出雲・日向・大和へと展開する。稲作と桜の花、山幸彦と海幸彦等、日向三代から神武の東征へ、日本の昔話、民間説話は神話の中に息づいている。阿蘇山・鬼界カルデラの噴火、土偶偶信仰や、歴博の紀元前九五〇年に遡《さかのぼ》る稲作の伝播、神武の東征は史実に基づくものであると思われる。天孫降臨神話からは瓊瓊杵《ににぎの》尊（稲魂の稔り）であるから稲作に関係あり、弥生時代のことである。大和には弥生時代中期（紀元前五五〇年頃）に稲作の伝播があり、「唐古・鍵遺跡」となる。神武天皇の皇子、神八井耳《かむやいみみ》命の多神社のある多の郷（田原本町）は太安萬侶の本貫地《ほんかんち》であり、「古事記の里」である。

第二章　大和　真秀《まほ》ろば「古事記《こじき》の里」

一　多《おお》神社と太安萬侶《おおのやすまろ》の本貫地《ほんかんち》【『多氏古事記』が『原《げん》古事記』である】

多神社の正式名称は多坐弥志理都比古《おおにますみしりつひこ》神社で『延喜式《えんぎしき》』神名帳《じんみょうちょう》に見える式内社《しきないしゃ》であり、大和でも屈指の大社である。『古事記』では神武天皇の第二皇子の神八井耳命《かむやいみみのみこと》が弟の神沼河耳命《かみぬなかわみみのみこと》に皇位を譲り、「忌人《いむひと》」となって弟の綏靖《すいぜい》天皇を扶《たす》ける殊《こと》にしたと伝える。多神社は、神八井耳命《かむやいみみのみこと》を始祖とする多氏によって祀られており、多氏の本貫地である。本殿は江戸時代の造営の一間社春日造りで、県の指定文化財である。第一殿に神武天皇、第二殿に神八井耳命（太安萬侶合祀）、第三殿に綏靖天皇、第四殿に姫御神（玉依姫）を祀る。本殿の後ろの森のなかに、祭祀跡《さいしあと》とする円墳があり、飛鳥川の清流を禊《みそ》ぎの場とする古代の祭祀跡と考えられる。神八井耳命から一五代目が太安萬侶であり、太安萬侶から数えて、第五一代目が多忠記《おおただふみ》宮司である。

古事記は神話や古代日本の歴史を伝える最古の史書である。七一二年正月二八日、太安萬侶が古事記を編纂《へんさん》し元明天皇に献上した。上・中・下の三巻で構成されている。太安萬侶は多一族の長で、父は壬申の乱で活躍した多品治である。安萬侶は「薩摩《さつま》・多禰《たね》の乱」を鎮圧した文武とともに優れた官僚で、民部卿《みんぶきょう》になった。今でも、町の人々は、「太安萬侶」のことを「安萬侶さん」と親しみを込めて呼んでいる。多地区を校区にもつ田原本町立南小学校の校門の前には、『太安萬侶を偲《しの》ぶ学びの道』と書かれた石碑が建っている。平成二三年度から、私は田原本町立南小学校の卒業記念講演で「安萬侶さんは文武両道に優れた奈良時代の最高の学者であること。」「私たち人間（青人草《あおひとくさ》）は太陽や自然の恵みを受け生かされていること。」「神と自然と人間の調和。」「大和言葉と大和心の礎を築いたこと。」などを話した。

　多神社は「東西南北」に鳥居があり、当時、国中《くんなか》では屈指の神社である。多神社は多（意富《おお》、飫富《お》、太《おお》）氏の氏神様で、私も氏子の一人である。春分・秋分の日には太陽が三輪山《みわやま》から昇り、二上山に沈む。この軌道を「太陽の道」という。この軌道上に多神社はある。北緯三四度三二分のラインで、東は伊勢神宮・神島、西は淡路島に繋がっている。安萬侶さんは『古事記』を変体漢文体で表記した。このことにより、「やまとことば（日本語）」が現存し、「言霊《ことだま》の幸《さきは》ふ美《うま》し国」となったのである。　【多神社の旧名は『春日宮《かすがのみや》』であり「日神《ひかみ》」を祀っていた】

二　意冨加牟豆美命《おほかむずみのみこと》（桃の実）は青人草（人間）の守り神

　伊邪那美神《いざなみのかみ》が火の神をお産み、全身に火傷を負い、お亡くなりになり、黄泉《よみ》の国に行かれた。恋しくなった伊邪那岐神《いざなぎのかみ》は伊邪那美神《いざなみのかみ》に会いに行く。待ちきれず約束を破り、変わり果てた伊邪那美神の姿を見てしまい、黄泉軍に追われ逃げ還る。黄泉軍の追っ手に対して、桃の実を三つ投げつけ「黄泉《よみ》の国」から脱出し、葦原中国《あしはらなかつくに》へ無事に生還できたとある。そこで、伊邪那岐神《いざなぎのかみ》は桃の実に「意冨加牟豆美命《おほかむずみ》」と名付けた。そして、「意冨加牟豆美命」に青人草《あおひとくさ》（人間）を助けるように命じた。この話は、桃の霊力に因《よ》つて、人間が救われるという昔話の『桃太郎』

の原点である。桃は古代中国から伝わったもので良い兆しの印でもある。全国に桃太郎伝説が息づいている事由か。「全国桃太郎サミット」が組織化されている。【伊邪那岐神と桃の霊力】

三　桃太郎生誕の地・「黒田の廬戸《いほと》宮」　【大日本根子彦太瓊《ふとに》天皇】

田原本町には、桃太郎生誕の地・「黒田廬戸宮跡」（現法楽寺）がある。比古伊佐勢理毘古命《ひこいさせりびこのみこと》（桃太郎）、別名大吉備津日子命《おおきびつひこのみこと》は第七代孝霊天皇《こうれいてんのう》の皇子であり、黒田の廬戸宮で生まれた。比古伊佐勢理毘古命、と弟の若建吉備日子命《わかたけきびつひこのみこと》と連れだって、播磨国に陣を取り、吉備国に入る拠点とし、吉備国を平定したとある。さらに、日本書紀では、吉備津彦命が「四道《しどう》将軍」として、吉備国を平定したとある。比古伊佐勢理毘古命の姉は夜麻登々母々曾毘売命であり、黒田廬戸宮は唐古・鍵遺跡の西側にある。このことは、吉備国の「温羅《うら》伝説」（大和国のイサセリビコ＝桃太郎・吉備津彦と温羅《うら》の物語）に記され、お伽噺《とぎばなし》・『桃太郎』のモデルとなったと言われている。余談だが、大吉備津日子《おおきびつひこ》命は吉備国の一宮・吉備津神社の主祭神あり、犬養毅《いぬかいつよし》はお伴の犬養部《いぬかいべ》の祖先と言われている。他に、鳥養部《とりかいべ》と猿養部《さるかいべ》がお伴をしている。大和朝廷にとって、吉備は中国との交易のための瀬戸内海の重要な拠点であった。また、吉備は鉄の生産の盛んなところであり、吉備と出雲が手を結ぶことを畏れていたと思われる。

　大和朝廷の律令国家の確立のなかで小国分割がなされ、吉備国の勢力の抑圧のため、備前・備中、備後に分割され、さらに、七一三年、鉄資源・交通路の確保のため備前国から六郡が割かれ美作国が建国され、出雲街道が造られた。（『続《しょく》日本紀《ぎ》』）出雲街道は「出雲と大和」のつながりを強めたのである。二〇一二年、盛大に「桃太郎サミット」が本町で行われた。「ももたん」も活躍し、岡山の桃太郎会の立石憲利氏の語り、桃太郎の英語訳歌の大合唱もあり、大いに盛り上がった。黒田の地では「桃花会」により、古代桃の栽培が行われている。

四　鏡作神社と伊斯許理度売命《いしこりどめのみこと》と鏡作部

古事記には、黄泉《よみ》の国から生還した伊邪那岐神は、身の穢《けが》れを落とし「三貴子」をお産みになった。天照大御神《あまてらすおおみかみ》が高天原を、須佐之男命《すさのおのみこと》が海原《うなばら》を統治することとなった。須佐之男命が従わず、「うけひ」となる。「うけひ」の後も須佐之男命は乱暴な行動にでる。天照大御神は乱暴をみかねて、天の岩屋《いわや》にお隠《かく》れになり、高天原《たかまのはら》・葦原中国《あしはらのなかつくに》ともに闇に覆《おお》われ、多くの災いが起き、八百万《やおよろず》の神々は困り果てた。そこで、岩屋《いわや》の前で神事を行うことになり、伊斯《いし》許理度売命《こりどめのみこと》が八咫《やた》の鏡を作り、榊《さかき》の木に付け翳《かざ》した。また、伊斯許理度売命は天孫降臨の際に邇邇芸《ににぎ》命のお伴をした神様でもある。「唐古・鍵遺跡」の鏡作部（鋳銅技術集団）の人たちが居住したとされる処に、鏡作神社が鎮座している。鏡作神社の正式名称は鏡作坐天照御魂《かがみつくりにますあまてるみたま》神社で『延喜式』神名帳に見える式内社であり、祭神は天照国照彦火明命《あまてるくにてるひこほあかり》（天照御魂の鏡）、右座に伊斯許理度売命《いしこりどめ》（石凝姥命《いしこりどめ》）（伊多《いた》の神）、左座に天糠戸命《あめのぬかどのみこと》（麻気《まけ》の神）で、本殿は春日《かすが》造りと流れ造りの合体で「三社連結造り」である。この社のご神宝は「三神二獣鏡」である。

境内の「鏡池」で鋳造鏡を洗ったとか。鏡作師が身を清め、秘法を授かったとか。毎年、二月に御田祭《おんだまつり》で賑わう。「牛が暴れるほど豊作である」と言われる。近隣には、鏡作神社の他に四社、鏡作神社系の神社がある。

五　大物主命《おおものぬし》（大神神社《おおみわ》）と少名毘古那命《すくなびこなのみこと》（天神社《てん》）

天照大御神が天の岩屋から出られた後、神々と相談し、須佐之男命を高天原から追放した。出雲国に追放された須佐之男命は斐伊川《ひい》に降り立ち、櫛名田比売《くしなだひめ》を救い、八岐大蛇《やまたのおろち》を退治した。その大蛇の尾から草薙《くさなぎ》の剣が出てきたことは誰もが知っている話である。「八雲立つ　出雲八重垣《やえがき》　妻籠《ご》めに　八重垣作る　その八重垣を」は妻を大切にする須佐之男命の歌で、日本最古の短歌である。大和川の上流・町の東部を流れる初瀬川沿いには須佐之男《すさのお》神社が三社（町全体で五社）あり、津島神社の祭神も須佐之男命である。町内には須賀《すが》神社もある。初瀬川の上流に、出雲《いずも》(桜井市)という地名があり、奥が深い。ここには「野見宿禰《のみのすくね》」の像がある。初瀬川も斐伊《ひい》川と同様、蛇行し氾濫を繰り返している。「唐古・鍵遺跡」の「多重環濠《たじゅうかんごう》」は初瀬川の流れと深い関わりがある。

須佐之男命から七世の孫・大穴牟遅命《おおあなむぢのみこと》は大国主神である。大物主命は大国主命の和魂《にきみたま》（幸《さき》魂《みたま》・奇魂《くしみたま》）であり、三輪山の麓にある「大神神社」の祭神である。大物主命は少名毘古那命の力を借りて国づくりを始めた。少名毘古那命は「丸薬《がんやく》の神様」で「穀物の種子の神様」でもある。種を播き稲を育て、人の生命・健康の維持と増進を図り、仕事を終え高天原に還った。

国づくりは「出雲から大和へ」と「稲の伝播」の順と重なる。田原本町では、少名毘古那命は宮ノ森の「天神社」に祀られている。「天神社」は北と東に鳥居がある。北鳥居は少名毘古那命の高天原から国づくりの手助けに来たことと、国づくりの手助けの後、高天原へ還ったことを意味し、東鳥居は大神神社の方に位置し、少名毘古那命が大物主命に国づくりの完成を託したことを意味しているか。すなわち、田原本町は大和の国づくりの中心である。出雲から始まった国づくりは大和の地で完成したことを意味している。

六　村屋神社のご神託と壬申の乱

村屋神社の正式名称は村屋坐弥冨都比売《むらやにますみふつひめ》神社で『延喜式』神名帳に見える式内社であり、中ツ道に通じ、主神は三穂津姫《みほつひめ》（大物主命の妃）と大物主命《おおものぬしのみこと》を祀る。『日本書紀』によると、三穂津姫命は高皇産霊《たかみむすび》神の娘で、大物主命の国譲りの功にに応えるためと、大物主命の二心のないように願い縁結びをされたという。また、この社は、六七二年に起こった古代最大の内乱・「壬申の乱」（古代版関ヶ原の戦い）の古戦場でもある。近江軍の大友皇子に対し、大海人皇子は兵を起こし、激戦となった。村屋神社も戦場となり、両軍が激突した社である。このとき、「近江軍は必ず中ッ道を攻めてくる。杜の守りを固めよ」という村屋の神のご神託により、天武軍が守備を固め迎え撃ち、近江軍を撃破した。この功績により、神社として初めて朝廷から位階を授かったと『日本書紀』に書かれている。その後も何度か位を賜り、現在、正一位森屋大明神と呼ばれている。六七八年、天武天皇が森屋社に行幸している。今も、神社には、「イチイガシ」が天に向かって聳《そび》え立っている。この木は田原本町の町木である。境内の社叢《しゃそう》は県の天然記念物である。六月三〇日には「夏越し大祓《おおはら》い」の「茅《ち》の輪《わ》くぐり」が行われている。

七　秦楽《じんらく》寺と秦河勝《はたのかわかつ》と空海、秦明高と法貴寺、池《いけ》神社

高日山秦楽寺の本堂には、秦河勝が聖徳太子より賜《たまわ》った千手観音《せんじゅかんのん》菩薩立像（百済から聖徳太子が献じられた像）が祀られ、秦氏が大いに栄えた寺である。表門は唐風土蔵門で、東側には金春《こんぱる》屋敷があったと伝えられている。境内には、梵字《ぼんじ》の「阿《あ》」の字を形取った「阿字《あじ》池」がある。「阿字観《あじかん》」とは真言密教の瞑想法であり、瞑想により「世界と自分はひとつであること」を実感することである。梵字の「阿《あ》」は、梵語《ぼんご》の第一字母として、万物の不生不滅の原理（万物の根源）とされる。この池は弘法大師《こうぼうだいし》が築造したと伝えられている。また、大師は当寺で『三教指帰《さんごうしいき》』の一書を選述したとも伝えられている。秦河勝は聖徳太子の財政的支えだけでなく、大和猿楽《さるがく》の祖としても知られる。散楽《さんがく》は平安時代に盛行、転訛して「猿楽」とも呼ばれ、田楽《でんがく》や猿楽などに受継がれた。秦河勝の長男の川次《かわつぐ》は秦楽寺を継ぎ、二男の明高《あきたか》は法貴寺一党の盟《めい》主《しゅ》に、三男は伶人《れいじん》として多神社に入っている。法貴寺一党は長谷川党の主要構成員である。聖徳太子の創建とされる法貴寺の周辺は、長谷川党の本拠地でもある。

法貴寺に隣接する池坐《いけにます》朝霧《あさぎり》黄幡比売《きはたひめ》神社は『延喜式』神名帳に見える式内社であり、祭神は天万《あめよろず》栲幡《たくはた》千千比売《ちぢひめ》命、後に菅原道真公合祀。山車《だし》は華やかに飾られ村を廻り豊穣を祝った。

八　能の大成者・世阿弥《ぜあみ》の参学之地《さんがくのち》・終焉の地・「補巌寺《ふがんじ》」

【中世の田原本】

室町時代、一三六一年律師覚忍の時、この地方の豪族十市氏が結崎出身の了堂真覚《りょうどうしんかく》（道元より七代目）を薩摩の金鐘寺から呼び戻し、光蓮寺改め、寳陀山補巌寺の開祖とした。補巌寺は、和州最初の曹洞宗の禅寺であり、十市氏の氏寺であった。当時この辺りは、興福寺が強い勢力をもっていたが、新鮮な宗風と修業と十市氏の勢力伸長により、隆盛期には寺領七五町歩を有し、末寺《まつじ》は県内だけでなくその数一一、末末寺を合わせると二三〇余寺となって栄えた。戦国時代、一五六九年十市遠勝《とおちとうかつ》の時、松永久秀《まつながひさひで》との戦いに敗れ、菩提寺である当寺も大半を焼失した。江戸時代、味間《あじま》村の領主藤堂高虎《とうどうたかとら》（伊賀上野城主）により再建され、藤堂家の祈願所となっていたが、一八五八年失火により本堂を焼失し、現在の山門・鐘楼を残すのみとなった。

大和猿楽を能として大成した世阿弥は、当寺二代竹窓智厳《ちくそうちごん》禅師に師事した。世阿弥は禅を修行し、禅の精神「宗旨の参学は得法《とくほう》以後の参学」、「得法の後、練り返し練り返し功を積むべし」を能の修行に取り入れ、世阿弥の能楽の真髄・幽玄《ゆうげん》の美が生み出された。それ故、有志により、『世阿弥参学之地』の碑が山門の横に立っている。世阿弥は長男元雅《もとまさ》を伊勢で客死《かくし》され、失望のなか、将軍足利義教《よしのり》のとき、佐渡に流された。佐渡から帰ってきた世阿弥の身の置き場所は娘婿の金春禅竹《こんぱるぜんちく》であった。当寺の納帳《のうちょう》によれば、世阿弥の法名は「至翁禅門（至翁善芳居士）八月八日」、妻寿椿《ちん》の法名は「寿椿禅尼」である。世阿弥にとって「世阿弥参学之地《ぜあみさんがくのち》」であり、「世阿弥終焉の地」である。二〇一四年は、世阿弥生誕六五〇年にあたり、「世阿弥《ぜあみ》参学之地《さんがくのち》」の碑ができてから十周年を記念して、表章《おもてあきら》氏を偲び、表きよし氏の講演会と観世《かんぜ》流の舞いが披露された。能は大和猿楽四座《やまとさるがくよざ》から派生し、結崎座《ゆうざきざ》川西町から観世《かんぜ》流、円満井《えんまい》座から金春《こんぱる》流、外山座《とびざ》桜井市から宝生《ほうしょう》流、坂戸座《さかどざ》平群から金剛《こんごう》流が生まれた。田原本町西竹田《たけだ》は円満井座の発祥の地でもある。

【『風姿花伝《ふうしかでん》』「秘すれば花」】

九　「下ツ道」・「太子道」・「中街道」と楽田《らくでん》寺　【中世の田原本】

田原本は国中にあり、藤原京と平城京を結ぶ下ツ道（古代の条里制の基軸）、中ツ道と、飛鳥と斑鳩を結ぶ太子道が通り、交通の要地である。平安末期、下ツ道は寺川・佐保川の河川敷となった。鎌倉時代、興福寺はこの地域の荘園を拡張し、支配の拠点として、古くからあった「楽田寺」を末寺とし利用した。室町時代、「楽田《らくでん》寺」の門前に集落が形成され、興福寺の大乗院に属する「田原本座」が成立した。一四九八年、楽田寺が「聖道所」と言われ、今の堺町、材木町辺りに所在し、二〇カ坊からなる大寺で、「田原本寺」とも称されていた。この楽田寺の門前町が成立しつつある頃、寺の北の奥城屋敷は堀と土塁上の藪などによって、武装、田原本城を形成していた。この寺の門前に、「雨宝山龍王院楽田寺」という石柱があり、「釣り鐘門」がある。室町時代に描かれた「絹本著色善女龍王図《けんぽんちゃくしょくぜんにょりゅうおうず》」は、県の文化財に指定されている。古くから雨乞いの寺として知られており、日照りの時には、龍王図が祭壇に祀られ、祈りが行われていた。もとは真言宗の寺で、山門に右手にある井戸は、弘法大師が干ばつに苦しむ農民達のために、掘ったものだと伝えられている。この寺は、中街道に位置し、美しい景観を醸し出している。

一〇　賤ヶ岳《しずがたけ》の七本槍・平野長泰《ひらのながやす》と浄照寺　【近世の田原本】

一五九五年、賤ヶ岳の七本槍として武功のあった平野権平長泰は、豊臣秀吉により大和国十市郡田原本村外六か村五千石を領した。長泰は、尾張津島の出身であり、二一歳で、当時の木下籐吉郎に仕え、柴田勝家との決戦（一五八三年）で、賤ヶ岳で軍功をあげ、加藤清正《かとうきよまさ》、福島正則《ふくしままさのり》らとともに、「賤ヶ岳《しずがたけ》の七本槍」として知られている。「賤ヶ岳合戦図屏風」（大阪城天守閣蔵）には、その勇姿が描かれている。長泰はこの地が永遠の所領になるとは考えず、伏見に居館をさだめ、領内に陣屋《じんや》を置かなかった。一六〇二年、長泰は真宗教行《きょうぎょう》寺第四世住持《じゅうじ》顕誓と町場を開く思惑が一致したので、「門前町的市場町」の建設を取り決めた。当時、織田信長により、石山寺の合戦で本格的な寺内町は姿を消していた。大和の今井町も信長に降伏し、楽市楽座を開く条件で信長に存続を許されたのである。長泰も顕誓《けんせい》もこうした寺内町の歴史的経過を認識していたので、「門前町」を方便にした楽市令による市場町の建設を目指した。長泰は徳川家康・秀忠の「御伽衆《おとぎしゅう》」として活躍、駿府にも屋敷があり、伏見と駿府と江戸を行き来する日々であった。所領の田原本藩に来ることはできず、藩の運営は教行寺に町場の運営を任せ、教行寺に代官的役割も任せていたのである。しかし、二代目の長勝《ながかつ》が町に入部し、薬王寺に仮陣屋を置いたときは、教行寺が領主のように振る舞っていた。長勝により、教行寺を箸尾に移転後は、方一町に浄照寺と本誓寺が教行寺跡地に建立され、寺が支配する寺内《じない》町は、方三町ときめられ、町場運営は正常に戻り、いわゆる「寺内町」は終わったのである。その後は、初代長泰の進めた町場建設と大和川の大坂からの水運交通で「大和の大坂」（俵本）として栄えたのである。浄照寺は二代目長勝により創建され、円成寺と称し、本願寺大和五カ所御坊でもあった。一七四九年に円成寺を浄照寺と改め、西本願寺別院、田原本御坊《ごぼう》として、県下七二カ寺の末寺や配下を持ち、門跡寺院《もんぜきじいん》として五本筋壁の土壁が許されている。明治一〇年、明治天皇大和行幸の時のご休憩所となり、明治二三年、大和行啓《ぎょうけい》の昭憲皇后《しょうけんこうごう》のご宿泊所となり、「御殿」（書院造り）と呼ばれ保存されている。本堂は奈良県の指定文化財で、古風な面取《めんとり》角柱、小屋組など創建当初の材が多く残り、内陣及び内外陣の境の柱・長押し、欄間《らんま》等は金箔押《きんぱくおし》、極彩色で華麗な装飾を施している。また、組物《くみもの》、欄間《らんま》、蟇股《ひきまた》に優れた彫刻技法を残している。山門は伏見城の城門で、領主平野氏が拝領したと伝えられている。太鼓櫓《やぐら》はもと独立した建物であったが、明治後期に長屋門の上に移され現在の形となった。本誓寺の創建は、鎌倉時代、本覚院と号し、もと田原本八幡町にあり、南の楽田寺に対し、田原本北寺と呼ばれた。この寺には浄土宗で本尊は阿弥陀如来立像である。二代目長勝、九代目長発《ながゆき》の霊廟《れいびょう》が建立されている。領主平野家の菩提所である。長勝は現郭内《かくない》の地に陣屋を築造し、柴町（市町）、九軒町（祇園町）、本町、茶町、魚町を内町とし、阿島町（味間町）、材木町、境町、南町（南本町）、三輪町を外町とした。外町は中街道に沿っている。さらに、町の一角に陣屋も建設され、陣屋町、問屋町として栄え、大和の中心的な商業都市となった。長泰《ながやす》は五千石の旗本であったが、交代寄合衆で参勤交代も務め、準大名としての待遇を受け、家康・秀忠の御伽衆《おとぎしゅう》として活躍した。彼の気骨《きこつ》さと徳川に対する恭順の意は寺内《じない》町の一角に陣屋だけを造った。このことが平野家の明治まで存続した事由である。通称『祇園《ぎおん》さん』と親しまれている津島神社の例祭は、「槍《やり》の五千石平野は光る・・」と田原本音頭に歌われている祇園祭は、大和の国中一の夏祭りとして、古くから、盛大に行われていた。津島神社は、かつては「祇園社《ぎおんしゃ》」と呼ばれ、牛頭天王《ごずてんのう》を祭神とした。牛頭《ごず》天王は須佐之男命の本地仏でインドの祇園精舎の守護神である。江戸時代、領主平野家の尊崇を集めたが、平野氏の本貫地である尾張国の津島神社も牛頭天王《ごずてんのう》が祭神としたため、明治二年、社名を津島神社と改めた。この神社は、大和真秀《まほ》ろばの平穏を祈っている。

★田原本町の史跡・文化財・天然記念物

国の史跡　○唐古・鍵遺跡
国の重要文化財○唐古・鍵遺跡の出土品、一九二一点【平成三〇年】
国の重要文化財○牛形《うしがた》埴輪（羽子田《はこだ》一号墳）　○薬師如来坐像《ざぞう》（宮古薬師堂・平安初期）
○不動明王立像（もとは千万寺薬師堂・平安末期）　○木造十一面観音立像（本光明寺「八条のお大師さん」・平安末期）　○阿弥陀如来《あみだにょらい》立像（安養《あんよう》寺・鎌倉時代・快慶《かいけい》作）
○絹本著色融通念仏縁起図《けんぽんちゃくしょくゆうずうねんぶつえんぎず》（安楽寺・南北時代）　○木造書院（新町竹村邸）旧法
国の無形民俗文化財　○今里《いまざと》の蛇《じゃ》巻き「昇《のぼ》り龍」　○鍵《かぎ》の蛇巻き「降《くだ》り龍」
県の史跡　○黒田大塚古墳
県の指定文化財・天然記念物
○多神社の本殿（一間社春日造り）　○絹本著色善女龍王図《けんぽんちゃくしょくぜんにょりゅうおうず》（楽田寺《らくでんじ》・室町時代）　○浄照寺の本堂（江戸時代）　○村屋神社社叢《そう》　○薬王寺八幡神社の樟《くすのき》の巨樹
町の指定文化財
○補巌寺納帳《のうちょう》（室町時代）　○十一面観音立像（千万院・室町時代）

○平野権平長泰宛豊臣秀吉感状　○小林家文書　○寺川筋今里問屋場絵図

町の無形民俗文化財　○矢部の「綱掛《つなかけ》」

おわりに

田原本町は大和盆地の国中《くんなか》にあり、「大和真秀《まほ》ろばのへそ」である。纒向遺跡より古く、唐古・鍵遺跡は「弥生の王都」である。この町の何処かに、『親魏倭王《しんぎわおう》』の金印が眠っているかも・・・。この町は「弥生の王都」であり「古事記の里」である。「弥生の王都」と「古事記の里」の密接な関係が根付いた、この地は古色豊かな「大和心《やまとごころ》」に彩られ、日本人の心のふるさとであり、太古から脈々と続く和御魂《にぎのみたま》がこの地にはある。

和御魂とは日本人の固有の精神、古代の「清《きよ》き明《あか》き心」であり、「自然を純粋に愛する心」・「万葉の心」である。中世の「直《なお》き心」・「無私《むし》の心」と繋がり、近世の「誠の心」と引き継がれ、現代では「誠実さ」である。この里は、青垣囲まれた日本人の聖地である。

弥生中期、「唐古・鍵遺跡」は、大和の稲作の拠点集落として「日本文化の発祥の地」で「弥生の王都」であった。弥生後期には、度重なる河川の氾濫で、纒向遺跡（太田微高地）に移り倭国の「女王国の都」を造営し、「イリ王朝」となった。

二〇二〇年までの奈良県の「記紀・万葉プロジェクト」のなかで、二〇一二年一一月、古事記編纂一三〇〇年紀記念事業として、『古事記』のふるさと田原本　太安萬侶生誕の地記念フォーラムが行われた。この地には、日本人・日本民族のアイデンティティがある。

二〇一八年四月に、唐古・鍵遺跡史跡公園としてオープンした。これを機に国の重要文化財に指定された遺跡の出土品・『弥生人のメッセージ』の絵画土器片等をもとに、『魏志倭人伝』を忠実に読み解き、『古事記』・『日本書紀』から、弥生の倭国、筑紫・出雲・吉備・讃岐（『筑出吉讃』）と大和との関係を考察できたことは幸せである。（倭国連合共立体制の確立）

ゴンドラ形船の絵画土器、製塩土器、特殊器台の出土品等、水主神社・吉備津神社から、「讃岐・吉備と大和」との深い繋がりを考察できた。

最後に、讃岐古事記会会長・平井二郎氏、ＮＰＯ讃岐京極《きょうごく》会会長・片山圭之氏をはじめ、讃岐古事記会・ＮＰＯ讃岐京極会の皆様方に感謝し、百襲姫が卑弥呼であり、「神意を伝える巫女」であり、「唐古・鍵遺跡」が倭国の「弥生の王都」であったことを記し、筆を置くことにする。

平成三〇年八月　吉日

石　井　正　信

水主神社（香川県東かがわ市水主）

百襲姫を祭神として祀る。

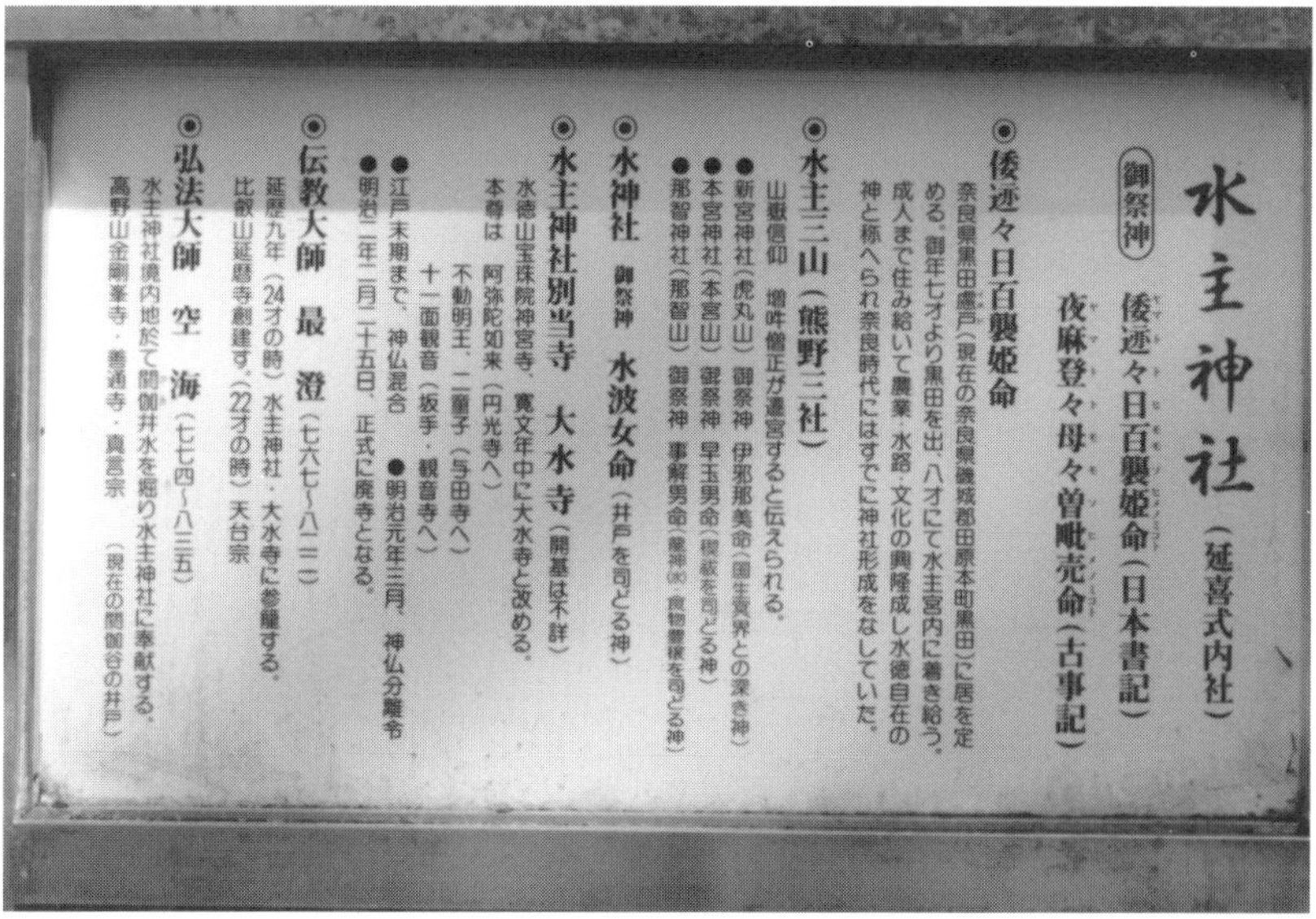

水主神社（延喜式内社）
御祭神
倭迹々日百襲姫命（日本書記）
夜麻登々母々曽毗売命（古事記）
◉倭迹々日百襲姫命
奈良県黒田廬戸（現在の奈良県磯城郡田原本町黒田）に居を定める。御年七才より黒田を出、八才にて水主宮内に着き給う。成人まで住み給いて農業、水路、文化の興隆成し水徳自在の神と称へられ奈良時代にはすでに神社形成をなしていた。
◉水主三山（熊野三社）
山嶽信仰　増吽僧正が遷宮すると伝えられる。
●新宮神社（虎丸山）　御祭神　伊邪那美命
●本宮神社（本宮山）　御祭神　早玉男命
●那智神社（那智山）　御祭神　事解男命
◉水神社　御祭神　水波女命（井戸を司どる神）
◉水主神社別当寺　大水寺（開基は不詳）
水徳山宝珠院神宮寺、寛文年中に大水寺と改める。
本尊は　阿弥陀如来（円光寺へ）
不動明王、二童子（与田寺へ）
十一面観音（坂手・観音寺へ）
●江戸末期まで、神仏混合　●明治元年三月、神仏分離令
●明治二年二月二十五日、正式に廃寺となる。
◉伝教大師　最　澄（七六七～八二二）
延暦九年（24才の時）水主神社・大水寺に参籠する。
比叡山延暦寺創建す。（22才の時）天台宗
◉弘法大師　空　海（七七四～八三五）
水主神社境内地にて閼伽井水を掘り水主神社に奉献する。
高野山金剛峯寺・善通寺・真言宗　（現在の閼伽谷の井戸）

【「諸説あり」】

◎稲作の伝播・遠賀川式土器の東進・神武天皇の東遷・邪馬臺国の二元性（肥国と倭（大和）国）

三内丸山

登呂遺跡

糸魚川の翡翠

三遠式銅鐸　巴型銅器　銅鏃
★前方後方墳・赤彩土器　鉄器
朝日遺跡（狗奴国）遠賀式土器出土

高志国

★四隅突出型墳丘墓

⚔

大神神社★前方後円墳★円筒埴輪
・纏向遺跡（邪馬臺国）→「計画都市」
・唐古・鍵遺跡（棟持柱の神殿）
大和湖　倭《やまと》（大和）国●白檮原宮

山に囲まれた処（邪馬臺国）⊗

琵琶湖

製塩土器

邇芸速日　近畿式銅鐸祭祀文化圏

丹波《たには》国（丹波国）

☆池上曽根遺跡（棟持柱の神殿）

河内国　河内潟●蓼津《たでつ》

針間国　製塩土器

●東瀬戸の中心は讃岐

「筑備播讃」

孝霊山・高杉神社
楽々福神社
青谷上寺地遺跡
麦木晩田《むぎばんだ》遺跡
荒神谷・加茂岩倉
神門水海
★四隅突出型墳丘墓
出雲国　（投馬国）

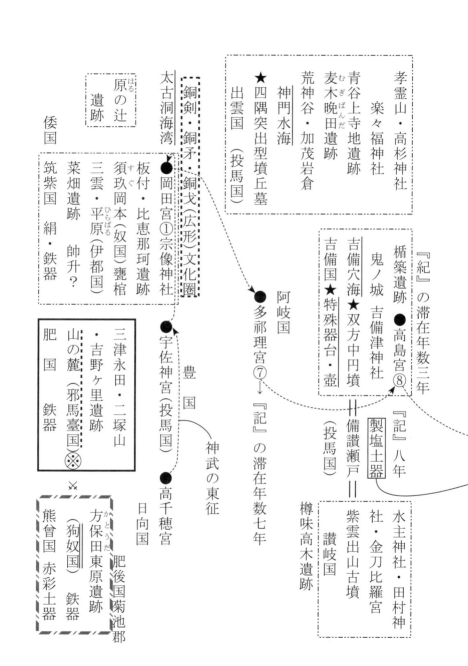

『紀』の滞在年数三年

楯築遺跡　●高島宮⑧
鬼ノ城　吉備津神社
吉備穴海★双方中円墳
吉備国★特殊器台・壺

『記』八年
製塩土器

‖備讃瀬戸‖
（投馬国）

水主神社・田村神
社・金刀比羅宮
紫雲出山古墳
讃岐国

樽味高木遺跡

阿岐国
●多祁理宮⑦→『記』の滞在年数七年

神武の東征

豊国
●宇佐神宮（投馬国）
●高千穂宮
日向国

銅剣・銅矛・銅戈（広形）文化圏

太古洞海湾

●岡田宮①宗像神社
板付・比恵那珂遺跡
須玖《すぐ》岡本（奴国）甕棺
三雲・平原《ひらばる》（伊都国）
菜畑遺跡　帥升？
筑紫国　絹・鉄器

原《はる》の辻遺跡

倭国

三津永田・二塚山
・吉野ヶ里遺跡
山の麓（邪馬臺国）⊗
肥国　鉄器

⚔

肥後国菊池郡
方保田《かとうだ》東原遺跡
（狗奴国）　鉄器
熊曾国　赤彩土器

【唐古・鍵遺跡、清水風遺跡周辺の条里復元図】

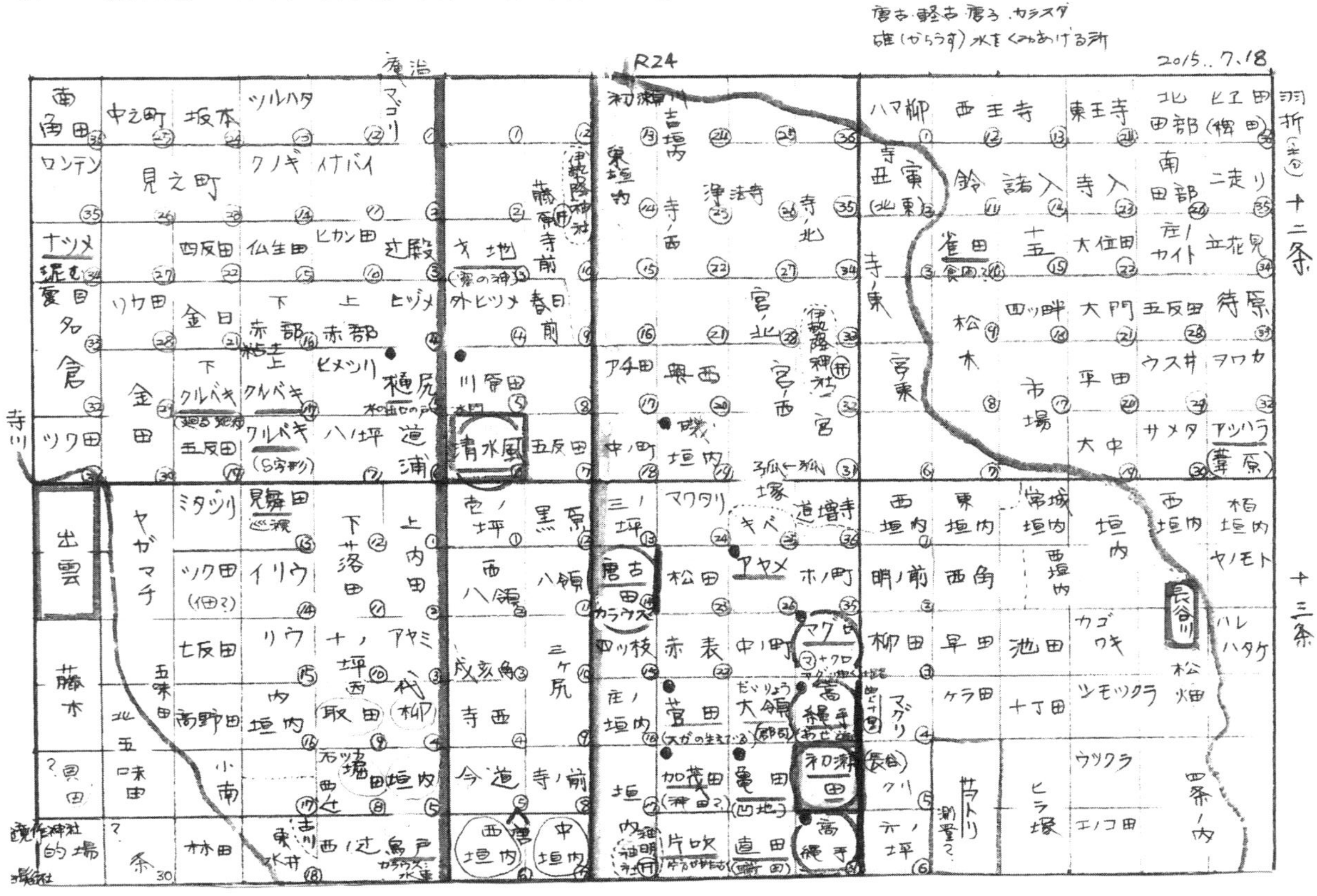

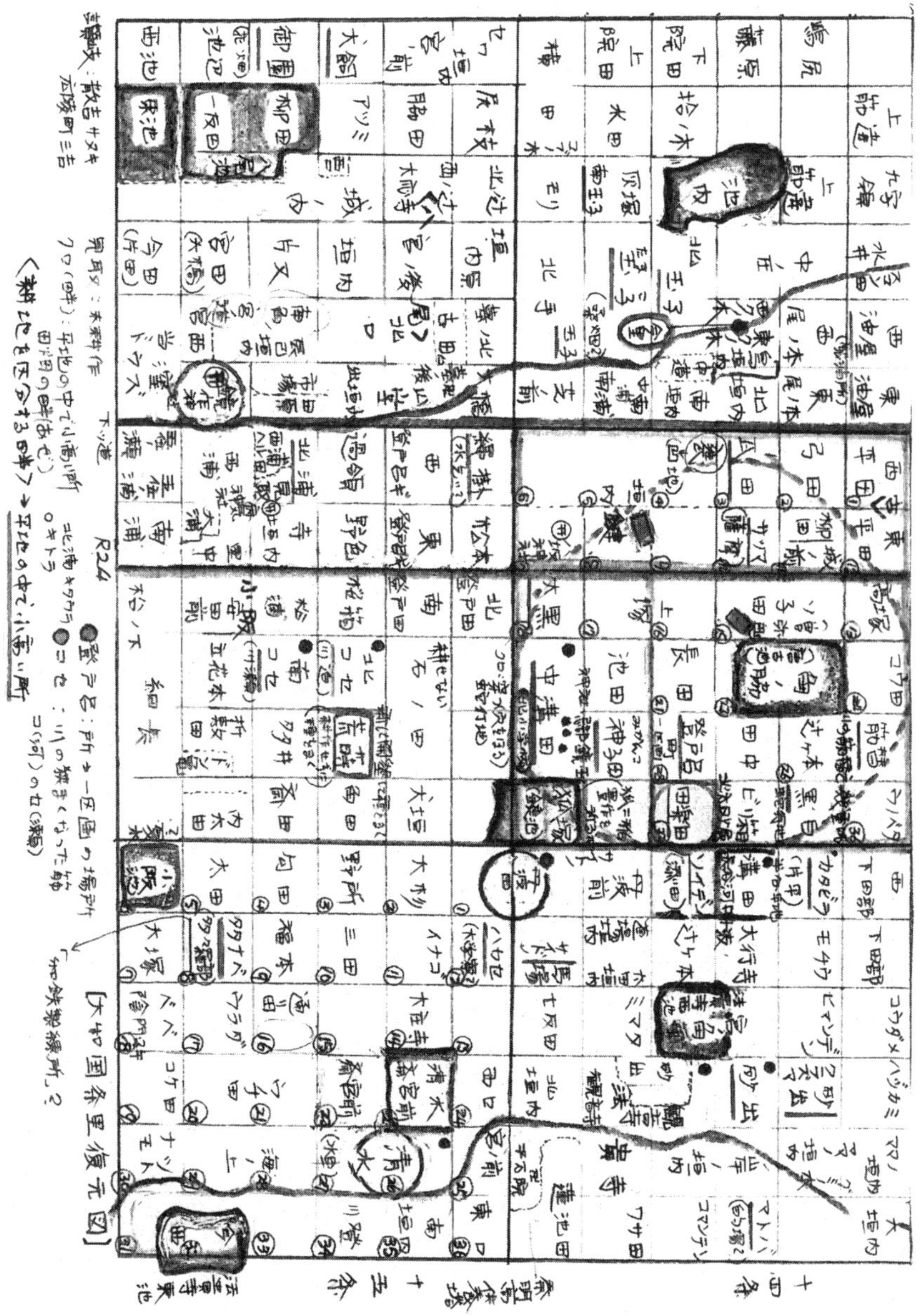

【大和国条里復元図・橿原考古学研究所】

鬼《き》ノ城《じょう》（岡山県総社市）

温羅伝説（温羅（うら）の居城）

楯築《たてつき》遺跡《いせき》（岡山県倉敷市）

吉備津彦伝説（５つの巨石の楯とか）

第二部『太《おおの》　安萬侶《やすまろ》伝《でん》』

一三〇〇年余の時空《じくう》をこえて甦る賢人

「大和心《やまとごころ》」と「大和言葉《やまとことば》」の礎を！

清き明き心・自然を純粋に愛する心

日本人・日本民族のアイデンティティを求めて

安萬侶さんの水茎《みずくき》は夢と希望の道しるべ

【木造太安萬侶坐像（多坐弥志理都比古《おおにますみしりつひこ》神社所蔵）】

はじめに

　厩戸《うまやど》皇子・蘇我馬子《そがのうまこ》が亡くなると、蘇我入鹿《そがのいるか》により斑鳩宮《いかるがのみや》が襲撃《しゅうげき》され、民《たみ》を戦火にまきこむことのないように山背大兄王《やましろのおおえのみこ》は自害し、厩戸《うまやど》皇子一族は絶えた。入鹿のあまりの横暴に、中大兄皇子と中臣鎌足《なかとみのかまたり》は南淵漢人請安《みなぶちのあやひとしょうあん》先生の塾からの帰り道、蘇我氏を討《う》つ策《さく》を話し合ったと言われている。六四五（皇極天皇《こうぎょくてんのう》四）年、大化の改新（乙巳《いっし》の変）が起こり、中大兄《なかのおおえ》皇子等により、蘇我氏の宗家《そうけ》は滅びる。皇極天皇は皇位を退き、譲《ゆず》り合《あ》いとなるが、天皇の弟・軽皇子《かるのみこ》が孝徳天皇として即位し、中大兄皇子は皇太子《ひつぎのみこ》となる。そして、天皇が病死すると、皇極天皇は飛鳥板蓋宮《あすかのいたぶきのみや》で重祚《ちょうそ》して斉明《さいめい》天皇となり、宮殿の造営や大規模な土木事業を行い、吉野宮も造営した。また、中大兄皇子は水落遺跡《みずおちいせき》等を造った。斉明天皇が朝倉宮《あさくらのみや》にて崩御《ほうぎょ》されると、中大兄皇子が称制《しょうせい》として、政権を引き継いだ。その頃、太安萬侶は産声《うぶごえ》をあげた。多《おお》の里《さと》の人々は大変喜んだ。幼い頃には、愛称で「萬侶《まろ》ちゃん」と呼ばれ、大きくなっても人々は「安萬侶さん」と親しみを込めて呼んでいる。【今も氏子《うじこ》の人々は、太安萬侶のことを「安萬侶《やすまろ》さん」と呼んでいる】私は、『太安萬侶伝』の執筆《しっぴつ》にあたり、多神社の宮司・安萬侶さんから五一代目の多《おお》忠記《ただふみ》氏ともお会いし、表紙の太朝臣安萬侶像（多神社所蔵）も快く、提供して戴《いただ》きました。そして、多神社のことをいろいろと聴《き》かせていただき、感謝しています。しかし、安萬侶さんの資料は少なく、『太安萬侶伝』を『日本書紀』『続日本紀《しょくにほんぎ》』等をもとに、分かりやすく会話形式で書くことにした。蔣敷《こもしき》お祖父ちゃん・品治《ほむぢ》お父さんの事も書いているので、『三代記』とも言える。

第二部『太安萬侶伝』　目　次

【登場人物】　太　安萬侶、祖父・蒋敷《こもしき》、妹、父・品治《ほんじ》、母、小子部連鉏鉤《ちいさこべむらじさひち》
天智《てんじ》天皇・藤原鎌足・天武《てんむ》天皇・高市皇子《たけちのみこ》・大津皇子《おおつのみこ》・持統《じとう》天皇・文武《もんむ》天皇・元明《げんめい》天皇
中臣大島《なかとみのおおしま》・石上麻呂《いそのかみのまろ》・柿本人麻呂《かきのもとのひとまろ》・稗田阿礼《ひえだのあれ》・多禰《たね》の人々

【登場人物関係図】

★印は『古事記』編纂の安萬侶さんの協力者
○印は多一族・「祖父・父・本人」

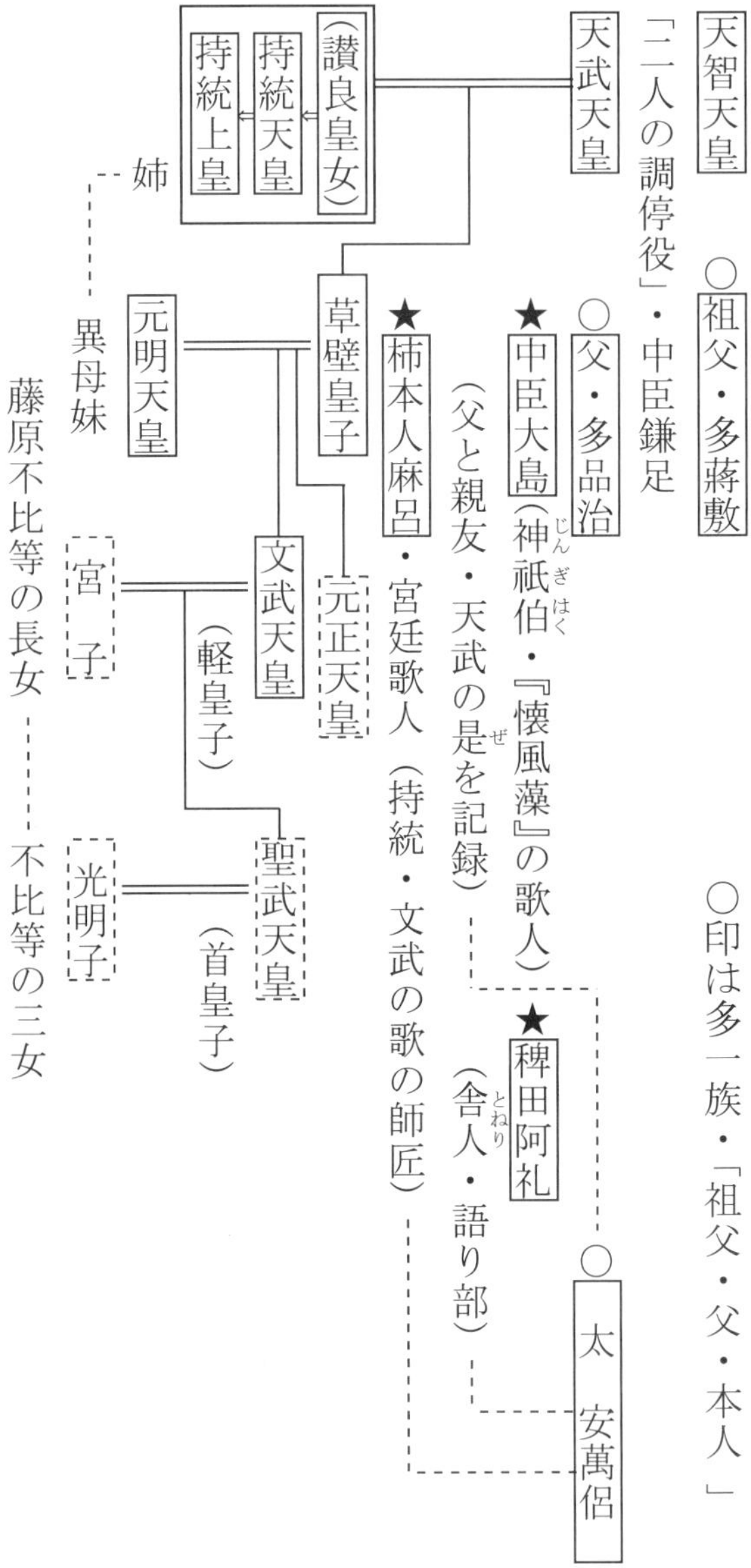

一　国のまほろば・田原本【祖父・蒋敷《こもしき》と安萬侶（萬侶）さん】「安萬侶の「文」の礎」

青垣の山に囲まれた国まほろば・田原本は言霊幸《ことだまさち》かう美《うま》し国である。大和国十市郡飫富《おほ》（意富《おほ》・多《おお》）郷は、国中《くんなか》の臍《へそ》のへそ・弥生《やよい》の里、古事記の里で安萬侶さんのふるさとだ。この里の周辺には村屋《むらや》神社、鏡　作《かがみつくり》神社、秦楽寺《じんらくじ》、法貴寺《ほうきじ》、法楽寺《ほうらくじ》が点在する。多臣蒋敷《おおのおみこもしき》は安萬侶さんのお祖父《じい》さんで、中大兄皇子（のちの天智天皇）の側近《そっきん》であった。非番《ひばん》の時は祖父・蒋敷が「多《おお》の里」に帰ってきた。安萬侶さんは祖父が大好きであった。祖父は安萬侶さんに手習《てなら》いや多一族のことを教えてくれた。多神社は東西南北に門があり、神八井耳命《かむやいみみのみこと》を祖《そ》とする国中一《くんなかいち》の神社であった。安萬侶さんの家は神社の境内《けいだい》から東南の大上院《だいじょういん》（二十条西路一里十七坪、下《しも》ツ道の二百㍍西側）にあり、とりわけ大きな屋敷であった。その屋敷の西側には「筋違道《すじかいみち》（太子道《たいしみち》）・厩戸《うまやど》皇子が摂政《せっしょう》として政務を執《と》ったとき黒駒《くろこま》で通った道」があり、里《さと》の東鳥居の前を南北に「下ツ道」（平安時代末期からは寺川《てらかわ》の河川敷《かせんしき》。現在も河川敷である。）が走っていた。祖父・蒋敷は多氏《おおのうじ》の長《おさ》でもあった。多神社は、雅楽《ががく》が盛んで、安萬侶さんは雅楽の稽古《けいこ》もしたが、馬術・弓矢・剣術の武芸の稽古を一日として休むことはなかった。また、安萬侶さんは祖父に教わりながら、千字文《せんじもん》、論語《ろんご》等を読むのが大好きでした。安萬侶さんの案《あん》（机）の上に『玉篇《ぎょくへん》』（五四二首一六九一七文字）・『千字文』等々の辞書が置かれていた。

蒋敷「安萬侶、多の一族のことを話すよ」

萬侶「はい」

・後の『延喜式《えんぎしき》』には、多神社は、大神《おおみわ》神社と並《なら》ぶ、式内大社《しきないたいしゃ》とある。

蔣敷「多一族は神武天皇《じんむてんのう》の皇子・神八井耳命《かむやいみみのみこと》を祖《そ》とし、多坐弥志理都比古《おおにますみつりしひこ》神社二坐は、水の神様が祀られていて、十市郡《といちぐん》の人々は多神社とその摂社の氏子だよ」

「神武天皇が大和を平定し橿原宮《かしわらのみや》を造られた。皇后は、佐韋河《さいがわ》の辺《ほとり》に住んでいた山百合の花のように美しい伊須気余理比売《いすけよりひめ》だ。生まれた御子は、日子八井命、次に、神八井耳命《かむやいみみのみこと》、次に、神沼名川耳命《かむぬなかわみみのみこと》のちの綏靖天皇《すいぜいてんのう》だよ」

萬侶「お母さんから山百合草の本《もと》の名は『佐韋《さい》』というのだと聴きました。河の名前も、佐韋河《さいがわ》（狭井川《さいがわ》）というようになったとか。二人の弟皇子の名前も、皇后の伊須気余理比売《いすけよりひめ》の家が佐井河のほとりで『神聖《しんせい》な水の精霊《せいれい》』の意であるとか」【山百合・一五二頁参照】

蔣敷「そうだよ。皇后のところに、神武天皇が訪ねて行かれ、二人は、菅畳《すがたたみ》の上で結ばれたのだよ。『葦原《あしはら》の　しけしき小屋に　菅畳　弥清《いやさや》敷きて　我が二人寝し』という御歌《みうた》を詠《よ》まれたのだよ」

【皇族と三輪一族の合体】

蔣敷「多神社の境内に、三輪山からの日の出の拝所があることを知っているね」

萬侶「春分と秋分の日、三輪山から朝日が昇るときの拝所ですね。お母さんと拝みに詣《まい》りました」

【太陽の道・北緯三四度三二分・『多神社・秦楽寺《じんらくじ》周辺の条里復元図《じょうりふくげんず》』一五四・五頁参照】

蔣敷「春分の日と秋分の日、日の出は三輪山、日の入りは二上山で『太陽の道』というのだよ。この太陽の軌道上《きどうじょう》に多神社があり、東の端は伊勢神宮・神島、西の端は淡路島だ。多神社は神武天皇陵の真北に位置し、東西南北に鳥居があり、大鳥居《おおとりい》は神社から北に八町のところにあるよ。東西一五町　南北一七町　面積二五五町歩の広大な範囲だ。新木《にき》の大鳥居《おおとりい》の大参道《だいさんどう》沿いに飛鳥川《あすかがわ》が流れ、二百〇㍍南に進むと下若宮・上若宮があり、さらに、百㍍南に進むと御手洗《みたらし》があるんだ。さらに百㍍南に進むと聖地だ。「春の日の　春日宮の　多れんぞ・・・」

萬侶「お母さんと、御手洗の所で手を清めるために川岸に降りました」【多神社・一五二頁参照】

【新木《にき》に笠縫邑《かさぬいむら》あり。元伊勢《もといせ》の元《もと》・「姫大神《ひめおおかみ》」】

蒋敷「太陽の道の西に二上山の夕日が美しい。三輪山の北の麓・元伊勢《もといせ》・檜原《ひばら》神社から夕日は、とても、晴《すば》らしい。夕日には一日の感謝を込めて、手をあわせる」

萬侶「大神《おおみわ》神社の祭神は大物主神《おおものぬしのかみ》ですね。大国主神《おおくにぬしのかみ》の和魂《にぎみたま》で幸魂《さちたま》・奇魂《くしたま》と言われていますね」

蒋敷「そのとおり。宮ノ森の天《てん》神社ことも知っているね」

萬侶「大物主神を助け、国づくりをした神様・少名毘古那神《すくなびこなのかみ》が祀られているのですね。その北にある秦楽寺《じんらくじ》のことを詳しく教えてください」

蒋敷「秦楽寺は秦河勝《はたのかわかつ》が厩戸《うまやど》皇子から千手観世音菩薩を賜《たまわ》り、その菩薩を祀るために建てたら、長男の川次《かわつぐ》が生まれ、続いて明高《あきたか》が・・・。秦氏一族は大いに栄えたので、秦楽寺と言うのだよ。千手観世音菩薩は百済国から皇子に献《けん》じられたものなんだ。川次《かわつぐ》が後を継ぎ、明高《あきたか》は、法貴寺に、三男は、多神社で雅楽を極《きわ》めたのだ」

【七五一年以降、厩戸《うまやど》皇子は道教的聖人観の影響を受け、「聖徳太子」と呼ばれた】

萬侶「厩戸《うまやど》皇子が推古天皇《すいこてんのう》の摂政のとき、豊浦宮《とようらのみや》と斑鳩宮（後の夢殿《ゆめどの》の北側）の間を黒駒で通っていた道・須知迦部路《すじかへのみち》が、わが家の西の道だとお母さんから聞いていています。厩戸皇子といえば、冠位《かんい》十二階を作り、憲法十七条を制定したすごい人ですね」

蒋敷「推古天皇の御代、わが家の庭の西側を北北西に走っている道だよ。この辺りで、喉《のど》の渇《かわ》きをとるために、水を飲み一休みしたと言われているよ。わが家にも寄られたことがあると聴いているよ。村の東の大道《だいどう》が下ツ道だよ」　【橿原市新《に》ノ口《くち》の謂《いわ》れとか】

【須知迦部路《すじかへのみち》は「太子道」と呼ばれた。以下、「太子道」という】

萬侶「もう少し早く生まれていれば、厩戸《うまやど》皇子様と会えたのだ」

蒋敷「寺川の上流にある鏡作坐天照御魂《かがみつくりにますあまてるみたま》神社には天照国照日子火明命《あまてるくにてるひこほあかり》、伊斯許理度売命《いしこりどめのみこと》、天《あまの》糠戸《あらと》命の神様が祀られているよ。御神体《ごしんたい》の鏡は、崇神天皇《すじんてんのう》の御代《みよ》に鋳造され、天照《あまてらす》の御魂《みたま》の神として、祀られているんだ。鏡作りの神様から、清き明き心を戴いているのだ。他にも、近くに鏡作部《べ》が住んでいて、鏡作系の神社が、四社もあるんだ」

萬侶「伊斯許理度売命は天岩屋《あまのいわや》に天照大神がお隠《かく》れになったとき鏡を作った神様ですね」

蒋敷「そうだよ。近くに、初瀬川と寺川の間の湿地地帯に三つの集落が一つになって繋がっている環濠集落《かんごうしゅうらく》(今の唐古《からこ》・鍵《かぎ》遺跡)があるよ。二つの川は何回も氾濫し肥沃な大地となり、多重《たじゅう》環濠集落となっている処だ。この集落は、北の清水風《しみずかぜ》集落とも繋がっているんだ。環濠は敵からの攻撃や大水を防ぎ守り、田に水を引く水路でもあったんだ。南地区の楼閣《ろうかく》だけでなく、西地区には大型建物があり、弥生の頃から交流は筑紫国から越国まで広範囲であった。今も、この集落は西隣りの三宅原と並んで、大和朝廷の米倉だよ。田楽田という地名もあり、田楽《でんがく》に合わせて田植えをしていたのだ」

萬侶「その集落の東に、池神を祀っている池神社がありますね」

蔣敷「池坐朝霧黄幡比売神社《いけにますあさぎりきはたひめ》だ。この神社の北の法貴寺（法起寺）も厩戸皇子が建てた寺で秦河勝《はたのかわかつ》の次男・明高が盟主となっている」

【今は、法貴寺の一院の千万院が残ってのみ、院の前には秦明高《はたのあきたか》の供養塔《くようとう》がある】

蔣敷「中ッ道に村屋坐弥富都比売神社《むらやにますみほつひめ》がある。この神社に、大物主神の姫君・三穂津姫《みほつひめ》が祀られている。大神《おおみわ》神社の別宮なんだ。この神社は「もりやさん・村屋さん」と愛され、神楽や雅楽が盛んで、近くに「フエフキ（笛吹）」「ツヅミウチ（鼓うち）」「ヒョウシダ（拍子打）」等の楽戸郷があり雅楽《ががく》をする人が住んでいるのだよ」【村屋神社・一五二頁参照】

萬侶「村屋神社って、すごいんだね」

蔣敷「唐古・鍵の環濠集落《かんごうしゅうらく》の西二kmに法楽寺《ほうらくじ》があるよ。この寺も厩戸皇子が建てたんだ。七代の孝霊天皇《こうれいてんのう》の御代《みよ》に、寺の敷地には黒田の廬戸宮《いおとのみや》があったんだよ。黒田宮の南、宮古には常楽寺と言う大寺があり薬師様が祀られている。この寺も厩戸皇子が建てたのだ。黒田廬戸宮は孝霊天皇の皇子、桃太郎こと比古伊佐勢理毘古命《ひこいさせりびこのみこと》・大吉備津日子命《おおきびつひこのみこと》の生まれた所だよ」

萬侶「腹違いの弟が若日子建吉備津日子命《わかひこたけきびつひこのみこと》ですね。この宮で兄弟の姉・夜麻登々母々曽毘売命《やまとともももそびめのみこと》（倭迹迹日百襲姫命《やまとととひももそひめのみこと》）も生まれたのですね」【廬戸宮は桃太郎、日神子（卑弥呼）誕生の地】

蒋敷「黒田宮は桃太郎誕生の地だ。比古伊佐勢理毘古命《ひこいさせりびこのみこと》と若建吉備津日子命《わかたけひこきびつひこのみこと》は吉備国に鬼退治に行ったんだ。針間《はりま》の氷河《ひかわ》（加古川）の岬に陣をとり、吉備国の鬼・温羅《うら》（百済から来た皇子）を破り、兄の大吉備津日子命《おおきびつひこのみこと》は高梁川を北上し、伯耆国も平定したと言われているよ。また、弟の若建吉備津日子命《わかたけひこきびつひこのみこと》は讃岐国に渡り讃岐国を平定し、針間国に戻り針間国《はりまのくに》で結婚したのだ。そして、景行天皇《けいこうてんのう》と若建吉備津日子命《わかたけひこきびつひこのみこと》の娘、針間《はりま》の伊那毘能大郎女《いなびのおおいらつめ》が結婚し、生まれたのが倭建命《やまとたけるのみこと》だ。倭建命が能褒野《のぼの》で歌った有名な国偲歌を知っているね」

萬侶『倭《やまと》は　国の真秀《まほ》ろば　たたなづく　青垣《あおがき》　山籠《やまごも》れる　倭《やまと》しうるはし』ですね」

蒋敷「多の親族は全国にあるのだよ。小子部連《ちいさこべ》、坂合部連《さかいべ》、火君《ひのきみ》、大分君、阿蘇君《あそのきみ》、筑紫、雀部臣《さざきべのおみ》、雀部造《さざきべのみやつこ》、小長谷造《おはつせのみやつこ》、都祁直《つげのあたい》、伊勢船木直《いせのふなきのあたい》、尾張丹羽臣《おわりのにわのおみ》、島田臣らの氏族は神八井耳命《かむやいみみのみこと》を祖先とするのだ。多の氏に関係ある神社は鹿島神宮の元鹿島・大生《おう》神社、大井神社、諏訪大社下社、阿蘇神社等がある」

【ここでは、親族の伊予・信濃・陸奥磐城《みちのくのいわき》・常陸《ひたち》那珂・長狭国造の国造《くにのみやつこ》は省く】

萬侶「おじいさま、ありがとう。忘れないように書き留めておきます」

二　狩りの大好きな安萬侶【父・品治《ほむぢ》と安萬侶（萬侶）さん】「安萬侶の「武」の礎」

安萬侶さんは幼き頃から、三輪山の北の山麓（穴師あたり）や飛鳥の東の山麓（八釣あたり）近くでは、真美丘陵（国中の微高地）等、・・・。馬は小さいときから友だち、見よう見まねでいつの間にか乗れるようになっていた。ひとまわり小さい子ども用の弓を父・品治《ほむぢ》からいただき、使っていた。父の休日の時、狩りによく連れて行ってもらった。ごく自然に、乗馬や「弓矢の道」を極《きわ》めたのである。

品治「安萬侶、久しぶりに狩りにいくか」

萬侶「はい、喜んでお供《とも》します」

品治「おお！手綱《たづな》さばきも板についてきたな。鐙《あぶみ》の使い方もずいぶん上手くなったな」

「一っ走りするか」

萬侶「はい。離《はな》されないようについて行きます」（真美丘陵《まみきゅうりょう》の狩り場に着く。）

品治「ここらで、一休みするか。安萬侶、ずいぶん乗馬の腕をあげたね。・・・」

「あそこに、野うさぎがいる。射《い》てみよ。距離があるから、長い弓を使え」

萬侶「はい。分かりました」

【安萬侶が矢を射る。一メートル手前で矢が突き刺さり、野うさぎは慌《あわ》てて逃げる】

品治「惜《お》しい！　惜しい！　安萬侶、弓の方も、ずいぶん腕をあげたな」

萬侶「いや、まだまだです」

品治「そこに生《は》えている木を持って帰りなさい。弓作りを教えてあげるから、・・・」

「その木は、自然のまま利用できる」

萬侶「はい」

当時、弓の材質は木製の弓で長寸のものが多かった。あずさ、つき、ケヤキ、まゆみ等、万葉集にも詠われている。長寸のもので七尺六寸とある。

ここで、安萬侶さんの父・品治のことを触《ふ》れておこう。多臣品治《おおのおみほむぢ》は、岐阜県の西南部（大垣市・羽島市）安八磨郡《あはちまのこおり》の一帯を治める湯沐令《ゆのうながし》（地方役人長官、中大兄皇子の生計を支えるために設定された一種の封土《ほうど》を管理する役職）であり、不破《ふわ》の道を治める役人の長である。この辺りは関ヶ原の近くで不破の道があり、東西交流の要《かなめ》の場所である。不破の道は後《のち》の三関の中で最も大切なところであった。不破の道は、美濃国に置かれた処で、東山道・藤古川の自然地形を利用し土塁《どるい》が築《きず》かれていた。近くにある墨俣《すみまた》、現在、美濃の「淡墨桜」は有名で樹齢千五百余年を誇るという世界的な名木である。この桜の花の色は、三度楽しむことのできるものでした。つぼみの薄いピンク色、満開の白色、そして、散《ち》り際《ぎわ》の薄墨色《うすずみいろ》と・・・。

安萬侶さんはその美しさに目を奪われました。

三

祖父・多臣蔣敷《おおのおみこもしき》の妹と百済《くだら》の皇子・豊璋《ほうしょう》の結婚【中大兄皇子（大兄）と祖父・蔣敷《こもしき》】

・五三八年　百済の王都は扶余《ふよ》（扶蘇《ふそ》山城）　王宮　要害の地

・六六〇（斉明六）年　王都から義慈王《ぎじおう》が逃《のが》れた旧都熊津《ゆうしん》城も陥落した。

王は捕らえられ、百済は滅亡し、再興を考えていたのだ。

六六一年　中大兄皇子称制　三六歳　長津宮《ながつのみや》（大津）にて

大兄「いつもすまないなあ」
蒋敷「いいえ・・・」
大兄「ところで、妹がいたな」
蒋敷「はい」
大兄「美しい娘に成長したことだろう」　・・・〈沈黙、少し間をおいて〉・・・
「誰か意中の者がいるのか」
蒋敷「・・・何か」
大兄「今、来朝している百済《くだら》の皇子・余豊璋《よほうしよう》の嫁にはどうかと思ったまでだ・・・」
豊璋《ほうしよう》とは百済の義慈《ぎじ》王（六四一～六六〇）の皇子で、六四三（皇極二）年、倭国に人質《ひとじち》として派遣された。妻子・弟・叔父等を親族や側近の高官を伴っていた。
大兄「かわいい妹だ。海の向こうの百済ではのう。知ってのとおり皇子には妻子もいるし」
蒋敷「・・・」
大兄「今のは、冗談、冗談、・・・聞き流しておいてくれ」
【百済の再興。朝廷の高官の女性と百済の皇子、子どもが生まれると、日本人の血をひくこととなる。政略結婚《せいりやくけっこん》だ。二国の間の同盟関係はより強固なものになる。蒋敷には中大兄皇子の心が直《す》ぐに分かった】
蒋敷「一度、妹に尋《たず》ねてみます」

大兄「無理はしなくてよいからな・・・」

蔣敷は妹に話をする。時に、妹には意中《いちゅう》の人はいなかった。

妹「お兄さん、この話、一度、皇子様にあってからでもいいですか」

蔣敷「ふむ、百済は遠いぞ。筑紫国《つくしのくに》から遙《はる》か向こうだ」

皇子は百済の再建にむけて、夢をお持ちのとてもさわやかな人であり、妹に百済のことをいろいろと話してくれた。妹は天皇家の養女として、輿入《こしい》れすることとなる。

蔣敷にとって、かわいい妹が輿入れすることは、どんなに心が痛んだことか。

難波の海に浮かぶ、大軍船、五千人余の兵隊、・・・。　【河内湖と大洲処の湿地地帯】

【蔣敷、品治の目から涙が・・・】　【六六一年　蔣敷の妹　豊璋に嫁《とつ》ぐ】
・六五五〜六六一年　斉明天皇のもと中大兄皇子は、朝鮮派遣軍の指揮を執る。
・六六一年　豊璋は援軍と共に百済復興再建に向かった。
・六六二年五月　豊璋、百済王に即位する。豊璋、朴市多来津《えちのたくつ》の諫言《かんげん》を聞き入れず、州柔《つねする》(周留)城から避城《へのさし》への遷都し失敗する。豊璋、鬼室福信《きしつふくしん》と対立し不和になる。
六月　豊璋、忠臣　鬼室福信を謀殺《ぼうさつ》する。軍の統制がとれなくなる。
・六六三年八月二七日　白村江の戦。唐《とう》・新羅《しらぎ》の連合軍と日本・百済の連合軍の戦い。
唐の圧倒的な兵力と巧《たく》みな戦略で日本軍は隊を分断され、二日間で日本側は大敗する。

朴市多来津《えちのたくつ》らは奮闘したが戦死。豊璋は高句麗に逃げる。蔣敷の妹も行き方不明。

★白村江《はくそんこう》の戦の後始末・今後の対策　【中大兄皇子（大兄）と中臣鎌足】

戦のあと、余自信以下、百済の貴族ら、日本に亡命する。

大兄「唐・新羅の進攻に備えて、対馬・隠岐に防人《さきもり》と烽火《のろし》を置き、筑紫には水城《みずき》を築き、太宰府《だざいふ》の周りの防備を固めよう。筑紫に大野城《おおのき》・椽城《きのき》（基肄城《きいのき》）を築き、瀬戸内から大和にかけて朝鮮式山城を十一カ所築こう」　【唐・新羅の進攻に対する防備】

鎌足「一方では、遣唐使等を派遣し、唐・新羅と外交し、仲良くしましょう」　【融和政策】

大兄「亡命してきた貴族のなかに、鬼室福信の親族の鬼室集斯《きしつしゅうし》がいる。小錦下を授与し、職頭の官職を与えよう。冠位二十六階を定め、地方を固めましょう」

・六八八年　鬼室集斯没、鬼室神社（滋賀県蒲生郡日野町・七百人）に祀られている。

鎌足「人材の登用と財政の立て直しに繋がります。大海人皇子さまと二人三脚で、この難《むずか》しい事態を乗り切って下さい」

・六六四年　防人《さきもり》・烽火《のろし》。筑紫に水城《みずき》。

・六六五年　遣唐使の派遣。大野城・椽城《き》。

・六六七年　都を近江大津宮に遷《うつ》す。
倭国に高安城《たかやすのき》・讃岐国に屋島城《やしまのき》・対馬国に金田城《かなたのき》を築く。

・六六八年　中大兄皇子、天智天皇として即位する。

高安城倉庫址

高安城《たかやすのき》跡の碑。

・六六九年　藤原鎌足、落馬し胸を圧迫死《あっぱくし》。鎌足は阿武山古墳に眠る。

★鎌足没後、仲裁役がいなくなり、天智天皇と大海人皇子の間でしばしば対立が起こる。

・六七〇年　法隆寺の火災。

・六六一〜六六八年　中大兄皇子《なかのおおえのおうじ》として称制。

・六六八〜六七一年　天智天皇《てんじてんのう》として在位。

舒明天皇《じょめいてんのう》
＝
皇極天皇《こうぎょくてんのう》
重祚《ちょうそ》・（斉明天皇）

兄・中大兄皇子（天智天皇）
弟・大海人皇子（天武天皇）

四　大海人皇子、大津宮から飛鳥・吉野宮へ

白村江の戦いで唐・新羅の連合軍に敗れてからと言うものは、世の中に黒雲が空をはしり、国中が何か不安な毎日でした。六七一年に、天智天皇は大友皇子《おおとものみこ》を太政大臣にしたが、十月一七日、皇子ではこの政局を乗り切れないと判断して、愛息《あいそく》の大友皇子《おおとものみこ》の行く末を案じ、病床に大海人皇子を呼ぶ。

（一）天智天皇病床にて後事を託す【天智天皇と大海人皇子《おおあまのおうじ》（大海）】

天智「息子はまだ若い。この難《むずか》しい事態を乗り切ること、とうていできない。私の後を継いではくれぬか」　（この言葉は兄の本意《ほんい》でなく、大海人は身の危険を感じた。）

大海「もったいないお言葉ですが、私はもともと多くの病をかかえております。国家を治めることはできましょうか。私はすぐに出家し、兄上の病気平癒《へいゆ》をお祈りいたします」

　即日、内裏の仏殿で髪を切り法衣を着られ、兵器等を差し出し謀反《むほん》無きことを示す。

天皇の弟・大海人皇子が天皇の子・大友皇子（二五歳）に皇位を譲り出家する。

大海「兄上、私は仏門に入るために、吉野に参ります」

　二日後、天智に許しを得ると近江宮を去り、鸕野讃良《うのさらら》皇女と草壁皇子《くさかべのみこ》・忍壁皇子《おさかべのみこ》、わずかの側近の者を連れて、大和に向かう。この時、大伴連負吹《おおとものむらじふけい》たちも病気と偽り大和に帰ってきている。一九日夕には、飛鳥の嶋宮《しまのみや》に着く。

　　（大伴氏は奈良県磯城郡耳成村（竹田）、同郡外山村（跡見）に庄を所有。）

【人々は「虎に翼を着《つ》けて放《はな》したようだ」と噂《うわさ》した。↓　益々《ますます》勢《いきお》いをつける例え】

『虎に翼《つばさ》を着《つ》けて放《はな》てり』の碑は、「桜木《さくらぎ》神社」の境内にある。

（二）大和から吉野宮《よしののみや》へ　【大海人皇子（大海）と鸕野讃良《うのさらら》皇女】

　飛鳥の宮から石舞台の横を飛鳥川に沿って、上流に上り、稲渕・栢森を通り芋ヶ峠を越えて、吉野に抜ける山道である。蘇我入鹿は雨乞《あまご》いの行《ぎょう》に失敗したが、皇極天皇《こうぎょくてんのう》が稲渕の河上で四方拝《しほうはい》をし、祈雨《きう》したら雨が降り、人々は喜び南無天踊《なもでおど》りをした。【四方拝・一五二頁参照】

稲渕は、南淵請安《みなぶちのしょうあん》先生の塾場のあった処だ。

大海「飛鳥から稲渕《いなぶち》・栢森《かやのもり》を抜け芋《いも》ヶ峠を越えて、吉野宮《よしののみや》にむかうが、大丈夫か」

讃良《さらら》「はい、何処《どこ》までもお伴いたします」

大海「さらら。見よ。あれが吉野の山々、その下を流れるのが吉野川だ」

讃良《さらら》「美しい山々と、清流ですね」

大海「斉明天皇《さいめいてんのう》が六五六年に造られた吉野宮《よしののみや》はこの上流の宮滝《みやたき》と言う処だ。もう、一頑張《ひとがんば》りだよ」

讃良《さらら》「はい」

宮滝は吉野川の上流であり、岩間を清流が流れ、緑に囲まれた渓谷の中にあって、遠く青根《あおね》ケ峯が遠望できる景勝地である。

讃良《さらら》「まあ、なんと美しいところでしょう」

大海「長旅のかいがあったというもの。緑に囲まれた渓谷《けいこく》、岩間を流れる清流も、とても素晴《すば》らしい。心の安まるところだ」

讃良《さらら》「清流の白波の美しいこと。空気も美味《おい》しいですね」【万葉集九二四・『み吉野の象山《さきやま》の…』】

大海「吉野宮からの眺めはすばらしい。象山《さきやま》と三船山の稜線の遙か奥に見えるのが、青根ケ峯だ」

今も、吉野歴史資料館の東の高台から青根ケ峯が、遠望できる。飛鳥から稲渕・栢森を経て、一〇月二〇日、吉野宮(現宮滝遺跡《みやたきいせき》)に身をおいた。国栖《くず》の人々は大海人皇子・鸕野讃良皇女《うののさらら》たち一行を手厚《てあつ》くもてなした。【宮滝遺跡・縄文中期末から弥生時代奈良時代の遺跡】

(三)大海人皇子の深謀《しんぼう》【父・品治と安萬侶（萬侶）さん】

大海人皇子は、大友皇子《おおとものみこ》（二五歳）に皇位を譲り、豪族からの不満の矛先《ほこさき》をかわす、大海人皇子の用意周到の計画であったのか。後に、大海人皇子は旗揚《はたあ》げをしたとき、大津宮にいる高市皇子《たけちのみこ》・大津皇子《おおつのみこ》たちとは伊勢での合流を考えていたのである。

品治「大友皇子様では、天皇として、若すぎるし、人望はない。国難を乗り切ることができないであろう。白村江《はくそんこう》の戦いに敗れてからは、豪族たちには朝廷への不満が・・・」

萬侶「なるほど・・・西国の武士団は疲労している。・・・時が来るのを待つために、大海人皇子様は出家し、吉野宮に身を引いたんだね」

品治「さらに、天皇の長子・大友皇子様のお母さんの出所は伊賀の豪族で・・・」

【大友皇子のお母さんは、地方豪族伊賀氏の采女伊賀宅子娘《うねめのいがのやかこのいらつめ》であった】

萬侶「大海人皇子様は、近江の大津宮にいた子・高市皇子《たけちのみこ》様・大津皇子《おおつのみこ》様も味方にしていたのですね。お父さんは、不破で大海人皇子様からの命令を待っていたのですね」

品治「そうだよ。高市皇子様・大津皇子様が大津宮にいたので、大友皇子様は、安心していたのだよ。吉野宮の脱出も、近江朝方が仕掛けてくるのを待っていたのだ」

萬侶「なるほど、脱出したように見えるが、仕掛《しかけ》けてくるのを待っていたのですね。皇位を譲《ゆず》り、出家している皇子を襲《おそ》うことになり、攻めてくる近江朝方が悪者になりますね」

品治「そのとおりだ。大海人皇子様は、近江軍の攻めてくるのを事由《じゆう》に旗揚《はたあ》げしたことは、大義名分《たいぎめいぶん》が立ち、民意《みんい》が得られる。人民の心をつかまないとだめなんだ。分かるか」

萬侶「難局を乗り切るために、人望が大切なことですね。・・・」

品治「だから、近江朝方は吉備の当摩公広島《たぎまのきみひろしま》・九州の筑紫大宰《つくしのおおみこともち》栗隈王《くるくまのおおきみ》等、西国の武士団の動員にも失敗したのだ。上に立つ者は、今どんな時かを考え的確な判断力のもと果敢《かかん》に行動することだね」【当摩公広島《たぎまのきみひろしま》は殺害。栗隈王《くるくまのおおきみ》は筑紫の防備に当たる】

萬侶「なるほど、・・・用意周到《よういしゅうとう》、根回しが大切なんですね」

五「壬申《じんしん》の乱」（「古代最大の内乱」）六七二年

この乱は、古代最大の内乱で「古代の関ケ原」とも言われている。近江朝方の不穏な動きを知り、大海人皇子は吉野宮、脱出の前に村国連男依《むらくにのむらじおより》、身毛君広《むげつのきみひろ》、和珥部臣君手《わにべのおみきみて》の三人を美濃国《みののくに》に送り、「不破の道を塞《ふさ》ぐよう」父・品治に指示。父・品治は祖父・蔣敷から「天智天皇《てんちてんのう》様が亡くなったときは、大海人皇子様の側に付くよう」に言われていたのだ。品治は大海人皇子に仕えていて、皇子の父・品治への信頼の深さが安萬侶さんにも分かっていた。

（二）不破《ふわ》の道を塞《ふさ》ぐ【大海人皇子の遣いの者と父・品治】

六七二年六月二二日　父・品治のもとに、村国連男依《むらくにのむらじおより》、身毛君広《むげつのきみひろ》、和珥部臣君手《わにべのおみきみて》の三人の遣いがきた。

遣いの者「品治さま、大海人皇子様からの密書《みっしょ》です。『軍を起こせ。不破の道を塞《ふさ》げ。東国の軍をまとめよ』とのことです」

品治「わかりました」

直《ただ》ちに、父・品治は三千の兵で不破の道を固《かた》めた。不破の大領の宮勝木実《みやのすぐりこのみ》は十七人の勇将《ゆうしょう》を率《ひき》いて、村国連男依《むらくにのむらじおより》の指揮《しき》下《か》に入り、不破の道を守った。

壬申の乱の後、勝《すぐり》氏は不破氏を賜《たまわ》った。【村国真墨田《むらくにますみた》神社・村国《むらくに》神社、大領《たいりょう》神社】

(二)吉野宮の脱出【大海人皇子と鸕野讃良《うのさらら》皇女と高市皇子《たけちのみこ》と大津皇子《おおつのみこ》】

六月二四日　皇子の近習《きんじゅう》のもの三〇名を連れて吉野宮を脱出する。矢治峠から宇陀へ。矢治峠でなくて国栖《くず》を回ったという説もある。宇陀で駄馬《だば》を手に入れ、猟師数十名がお伴に加わる。名張《なばり》の駅家《うまや》を焼く。名張の横河《よこかわ》で数百名が加わる。

六月二五日　積殖《つむえ》の山口で先回りしていた高市皇子《たけちのみこ》と合流する。

高市「お父さま、久しぶりです。お待ちしておりました」

大海「おお、高市皇子か。よくぞ、ここまで。近江側は慌《あわ》てふためいているであろう。皇子がきたので力が湧《わ》いてきた。大山《おおやま》越えで伊勢の鈴鹿まで急ごう」

【讃良《さらら》の目から涙が・・・】

鈴鹿の山道にかかる。鈴鹿郡家《すずかのこおりのみやけ》で伊勢の国司守がお目通りしてきた。五百の兵で鈴鹿の山道を塞《ふさ》ぐ。ここは大和からの追っ手、近江からの攻撃に備えるための要所である。川曲《かわわ》の坂下《さかもと》に至って、日が暮れた。激しい雷雨の中を夜も歩く。

二六日朝　朝明郡《あさけのこおり》の迹太川《とおかわ》の辺で大海人皇子は伊勢神宮に向いて戦勝祈願《せんしょうきがん》をする。

【太古、女性は太陽だった】

大海「天照大神様《あまてらすおおみかみ》、この戦いに力をお貸《か》しください。私たちをお守《まも》りください」

讃良「天照大神様、伏《ふ》してお願い申し上げます」

【天照大神様のご威光《いこう》】　【東遷経路図・一五三頁参照】

辺りが明るくなり、伊勢神宮の海のから金色《こんじき》に輝《かがや》く玉が飛んできて讃良に乗《の》り移《うつ》る。

全軍大《おお》いに士気《しき》を高めた。そこへ大津皇子が仲間を従《したが》えて合流。全軍、勢《いきお》いづく。

大津「お父さま、遅《おそ》くなりました。大変心配をかけてしまい」

大海「昨夜、鈴鹿関司《すずかのせきのつかさ》から鈴鹿に着いたことを聞いていた。あまり、無理はするなよ」

【讃良《さらら》の目から涙が・・・】

高市「お前の来るのを待っていたのだ」

村国が馬で駆けつけ『不破道《ふわのみち》を塞《ふさ》いでいること』を報告する。朝明郡家に着く。

大海「品治が美濃の三千の兵で不破道を塞いでいる。高市皇子《たけちのみこ》、急いで行ってくれ」

高市「はい、かしこまりました。大津皇子《おおつのみこ》、お父さまたちのことは頼むぞ」

大津「兄上、安心して下さい」　(不破郡家《ふわのこおりのみやけ》は今の大領神社の付近か)

高市皇子、不破の道に遣《つか》わす。

(三)六月二六日、高市皇子の要請《ようせい》により大海人皇子不破に【大海人皇子と品治と鉏鉤《さひち》】

大海「品治、ご苦労をかけたな。東国の豪族が近江朝方に付くものはいなくなった」

品治「長旅ご苦労さまです。親戚の尾張国守、小子部連《ちいさこべのむらじ》が二万の兵を率《ひき》いてこちらに向かっています。ご安心ください」

尾張の国司守小子部連《ちいさこべの》鉏鉤《さひち》の二万の兵合流。【子部神社の境内・一五三頁参照】

本家で小子部《ちいさこべ》は多氏の近縁である。小子部蜾蠃《すがる》は神八井耳命の六世の孫で多氏が有名である。雷《いかずちのおか》丘で蜾蠃《すがる》が雷を捕まえたという不思議《ふしぎ》な話がある。余談《よだん》だが、雄略天皇の御代、蚕と子を取り違えたと話は【少子部《ちいさこべ》の記述もある】

鉏鉤《さひち》「ただいま、参《まい》りました」

品治「そちが、来てくれたので、守りが強固《きょうこ》になり、東国の豪族が近江朝方に付くものはいなくなった。大海人皇子様が奥で待っておられる」

二人は、大海人皇子の前に進み出る。

大海「近う、近う。そちのお陰で、東国の豪族が近江側に付くものはいなくなった」

鉏鉤《さひち》「もったいないお言葉をいただき、痛《いた》み入《い》ります」

大海「早速だが、品治、二人で諸方の道を塞《ふさ》いでくれ。私は、野上《のがみ》に行宮《かりみや》を定める」

品治・鉏鉤《さひち》「かしこまりました」

吉野宮から不破まで百二〇㎞の行程をたった四日で、総兵力は合わせて三万となる。

六月二八・二九日　大海人皇子は高市皇子のいる和蟴《わざみ》に出向き、軍の整備にあたる。

七月一日　東海道・東山道の諸軍が駆《か》けつける。

★近江と大和に分かれて進軍。　【「壬申の乱・戦況地図」・一五三頁参照】

①父・品治は伊賀の峠を経て大和への先方隊となり伊賀の峠で近江朝方の最強の別動隊を破る。父・品治は本営と大和の要所・莿萩野《たらの》に駐屯。

紀臣阿閉麻呂《きのおみあへまろ》（総大将）・三輪君小首《みわのきみこびと》・置始連兎《おきそめのむらじうさぎ》らの大和戦線への援軍。

②高市皇子を旗頭として村国連男依《むらくにのむらじおより》（総大将）、書首根麻呂《ふみのおびとねまろ》、和珥部臣君手《わにべのおみきみて》、胆香瓦臣阿倍《いかごのおみあへ》ら、一三日、琵琶湖の東、安河《やすのかわ》の戦いで勝利し、大津に向かう。

壬申の乱の全容を父・品治に聞く。【父・品治と安萬侶（萬侶）さん】

萬侶「お父様、聞きたいことがあるのですが。・・・」

品治「改まって、なんだ」

萬侶「伊賀の峠(倉歴《くらふ》の道)で相手方の別動隊《べつどうたい》に味方が敗《やぶ》れたのはどうしてですか？」

品治「別動隊《べつどうたい》は近江朝方の精鋭部隊《せいえいぶたい》で猛将田辺小隅《たなべのおすみ》は手強《てごわ》い相手だった。莿萩野《たらの》の軍営を、近江朝方は別動隊《べつどうたい》で私たちの背後《はいご》を突《つ》こうと考えていたのだ。私たちが到着する前の七月五日、夜討《ようち》ちをかけてきて合《あ》い言葉まで作っていたのだ。暗闇《くらやみ》だから敵か味方か分からないだろう。敵の合《あ》い言葉《ことば》は「金《かね》」・・・・。翌日、莿萩野《たらの》を襲おうとしたが、私の選《え》り抜《ぬ》きの強者《つわもの》たちが迎《むか》え撃《う》ち、撃破《げきは》したので戦況は逆転したのだ。そこで、父さんの部隊は本営と大和戦線の要所《ようしよ》として、ここに留《とど》まることになったのだ」

★大和戦線《やまとせんせん》①

萬侶「大和戦線についても教えて下さい」

品治「大和戦線は大伴吹負《おおとものふけい》を総大将とし、大和の豪族たちが挙兵《きょへい》したが、七月四日、兵の数も少なく、乃楽山《ならやま》で近江朝方の将、大野君果安《おおののきみはたやす》に敗れ、大伴吹負は墨坂《すみさか》まで逃《のが》れた。近江朝方により、飛鳥寺の槻《つき》の木の下にあった兵舎も占領された。その日、墨坂で、不破から駆《か》けつけた三輪君高市麻呂《みわのきみたけちまろ》・置始連菟《おきそめのむらじうさぎ》の率《ひき》いる千騎余大軍と合流し、金綱井《かなづなのい》（橿原市小綱町）で陣《じん》を立《た》て直した。紀臣阿閉麻呂《きのおみあへまろ》らの援軍を得て金綱井から西進し、七日に当麻衢《ちまた》の葦池《あしいけ》で壱伎史韓国《いきのふびとからくに》と激突《げきとつ》したのだ。時に、来目《くめ》という勇士が刀を抜いて、馬を走らせ敵陣の斬《き》り込《こ》んでいった。騎兵が後に続き、近江朝方を撃破《げきは》したんだ。韓国《からくに》は軍を離れ一人逃げ出した。来目《くめ》が射《い》たが、矢が当たらず逃がしたんだ。壱伎史韓国《いきのふびとからくに》が西から攻めてくることも、高市社《たけちのやしろ》の事代主神《ことしろぬしのかみ》と身狭社《むさのやしろ》の生霊神《いくみたまのかみ》の神託《しんたく》だったのだ。さらに、東国からの援軍を得て、三軍に分け、上中下三道を固めた。将軍吹負は村屋神《むらやのかみ》の神託《しんたく》を受け、中ッ道にあたる。近江軍の将犬養連五十君《いぬかいのむらじいきみ》は神託どおり、村屋に駐留し、別将《べっしょう》の廬井造鯨《いおいのみやつこくじら》の二百人の精兵《せいへい》に将軍《しょうぐん》の陣《じん》が急襲《きゅうしゅう》されたが、大井寺《おおいでら》（橿原市十市町大井か）の奴《やっこ》で徳麻呂《とこまろ》らが矢を射たため、一進一退の激戦となった。上ッ道の箸陵《はしのはか》（聖地）で戦っていた三輪君高市麻呂《みわのきみたけちまろ》・置始連菟《おきそめのむらじうさぎ》が近江軍を破り、鯨の軍の背後《はいご》を突《つ》き、挟《はさ》み撃《う》ちにしたので、鯨は敗退したのだ。鯨が白馬で逃げたので、甲斐《かい》の勇者に追わせたが、逃げられた。村屋坐弥富都比売神社《むらやにますみほつひめ》（村屋神社）

の南東部は大和戦線の最大の激戦地であったのだ。村屋神の神託どおり、近江朝方が中ツ道を攻めてきたので、村屋神社でくい止め撃破《げきは》できたのだ。神託により、軍の団結力を大いに高めたんだ」

萬侶「軍の団結力を高める士気《しき》が勝敗を分けるんですね」

品治「天皇は三神の位階《いかい》を上《あ》げ、祭祀《さいし》を行《おこな》われたのだ」

★近江戦線《おうみせんせん》②

萬侶「七月二二日、瀬田《せた》の唐橋《からはし》で高市皇子様を旗頭《はたがしら》に総大将の村国連男依《むらくにのむらじおより》、和珥部臣君手《わにべのおみきみて》らが近江朝方と対峙《たいじ》したときの戦いのことを教えて下さい」

品治「この戦いも初めは、近江の将、智尊《ちそん》が精兵《せいへい》を率《ひき》いて防《ふせ》ぎ守《まも》り、唐橋の真ん中を三丈ほど切断し、一枚の長い板を置き、渡れば板を引いて落とす。この仕掛《しか》けのため、進撃できなかったが、大分君稚臣《おおきだのきみわかおみ》という勇者が矛《ほこ》を捨《す》て甲《よろい》を重《かさ》ねて身《み》に着《つ》け、板を踏んで渡り、板に付けられていた縄を切り、敵陣に切り込んだため、敵は総崩《そうくず》れとなり、橋の辺で智尊を斬り、大友皇子《おおとものみこ》、左大臣、右大臣等は逃げていったんだ。この日、大海人皇子に降伏し、越に遣わしていた近江朝方の将・羽田君矢国《はたのきみやくに》が、琵琶湖の北を迂回《うかい》し、西岸の三尾城《みおのき》を攻《せ》め落《お》とした。

団結力のあるわが軍の方に勢いがあり近江朝方を撃破し大津宮は陥落《かんらく》した。翌二三日に、粟津市《あわづのいち》で村国連男依《むらくにのむらじおより》らに近江の将、犬養連五十君《いぬかいのむらじいきみ》、谷直塩手《たにのあたいしおて》を斬《き》り殺《ころ》した。そして、山前《やまさき》で大友皇子様は自害《じがい》された。二六日、皇子の首は不破の大海人皇子様のもとに送られたのだ」

品治「戦後処理も、近江朝方の役人や兵士の処罰《しょばつ》も寛容《かんよう》で、近江朝方の有能な者は、登用《とうよう》したのだ。この壬申の乱で、白村江の戦いで敗れたことは、近江朝廷の責任となり、近江朝廷の滅亡により、天武天皇様には火《ひ》の粉《こ》は降《ふ》りかかってこない。・・・」

【鉏鉤《さひち》が山中で謎の死を遂げる。鉏鉤《さひち》は大海人皇子を暗殺《あんさつ》の命《めい》を受《う》けていたが、実行できなかった。鉏鉤《さひち》は皇子に処刑される前に、自《みずか》ら命《いのち》を絶《た》ったと思《おも》われる】

萬侶「白村江の戦いで敗れたことが問われることなく、天武天皇様を中心とした新しい政《まつりごと》の出発点となり、再び、都を飛鳥に移すことも意味があるのですね」

品治「そうだ。壬申の乱の天武天皇様の正統性をふまえて、「武」を中心とした律令国家《りつりょうこっか》の新しい強力な国づくりが始まるのだ。大和戦線では「村屋神社の神託」で、近江朝方の軍をくいとめ、撃《う》ち退けたことも・・・」

萬侶「わかりました。多氏の旧辞《きゅうじ》（皇族や氏族の伝承）をもとに、まとめておきます」

六　天武天皇の政治

六七三年　大海人皇子は都を飛鳥（島宮《しまのみや》に入り、島宮から岡本宮に移り）に戻し、天武天皇として即位する。岡本宮の南に飛鳥浄御原宮《あすかきよみはらのみや》を造営する。

天武天皇の政治、天皇とは「清き貴人」・「武の政治」、軍事国家。新羅と唐の争いが終わり、朝鮮半島の安定。唐からの脅威は消滅する。「大王《おおきみ》から天皇《すめらのみこ》へ」

六八〇年　讃良、病で伏《ふ》す。天皇、讃良の病気平癒の祈願。謎の仏像・聖観音像の御利益か。

今は、藤原京の本薬師寺には、蓮の花が咲き、平城京の薬師寺に讃良椿の花が咲く。

【天武天皇と讃良《さらら》皇女、史上最強のパートナーであった】

（一）鸕野讃良《うのさらら》皇女の病【天武天皇と鸕野讃良《うのさらら》皇女】

天武「讃良《さらら》、苦労ばっかりかけてすまない。病気の平癒を願い、薬師寺（本薬師寺）を建てることにした。元気になってくれ」
讃良《さらら》「私のためにお寺まで建てていただき、心配ばかりかけて申し訳ありません」
天武「元気になってくれ」
　天皇は薬師寺(橿原市城殿町)の着工し、百人の僧に得度《とくど》させる。讃良《さらら》の病気が治る。

★国史《こくし》編纂《へんさん》の資料の収集
『帝紀《ていき》』『本辞《ほんじ》』は「国家組織」の骨格《こっかく》となるものであり、天皇の政治の基礎となるものである。

★六八一年三月一七日　大極殿《おおあんどの》にて
川嶋皇子《かわしまのみこ》・忍壁皇子《おさかべのみこ》、広瀬王《ひろせのおおきみ》、竹田王《たけだのおおきみ》、桑田王《くわたのおおきみ》、三野王《みののおおきみ》、上毛野君三千《かみつけののきみみちぢ》、忌部連首《いんべのむらじこびと》、阿曇連稲敷《あずみのむらじいなしき》、難波連大形《なにわのむらじおおかた》、中臣連大島《なかとみのむらじおおしま》、平群臣子首《へぐりのおみこびと》の十二名に詔《みことのり》をした。

国史編纂《へんさん》のための資料集めを命じた。

帝紀《ていき》(歴代天皇の系譜を中心とした重要な事跡等)、上古《じょうこ》の諸事《しょじ》（諸種の伝承や説話）の記

述内容を定め、中臣連大島と平群臣子首が自ら筆を執《と》って記録する。【日本書紀より】

★国史内容の是《ぜ》・偽《ぎ》

天武天皇自身が是・偽を判断し、偽《いつわ》りを削《けず》り『是《ぜ》』を定め、『是《ぜ》』を中臣連大島と平群臣子首に記録させた。

天皇の舎人《とねり》、稗田阿礼《ひえだのあれ》(二八歳)に天皇が是と認めた『帝紀』『旧辞』の誦《しょう》習を命じ、広めさせた。

(二)天武天皇の正統性について【天武天皇と父・品治、安萬侶(萬侶)さん】

天武「戦いのはじめから、いろいろと苦労かけたな。そちの働きには感服している」

品治「ありがとうございます。仰《おお》せのとおり、安萬侶を連れて参りました」

天武「品治、私の正統性について、『律令国家《りつりょうこっか》の礎』をつくるべく、川嶋皇子以下十二名に国史の編纂《へんさん》のための資料集めを命じている。阿礼に『帝紀』『旧辞』をよみ習わせて、誤りを削り、正しいこと・是を定めた。多氏の旧辞は、基にしている」

品治「そのことですが、私に代わって、この安萬侶にさせては如何《いかが》でございましょうか」

天武「おお、願ってもないことだ。安萬侶のことは、文武《ぶんぶ》に優れていると聞いている。安萬侶、安萬侶、近う。近う。この仕事、引き受けてくれるか」

萬侶「もったいないお言葉。一生懸命、勤《つと》めさせていただきます。父から、壬申の乱のことも、詳細《しょうさい》に聞いております」

【多氏の旧辞《きゅうじ》は天皇が是と認めたものに近い】

品治「これからは安萬侶、おまえの出番だ。しっかりと、お仕《つか》えするように」
萬侶「はい、一生懸命、努めますので、よろしくお願いいたします」
天武「ゆっくりでよいよい。今こそ、正しい『帝紀』『旧辞』が必要なのだ。各氏の『旧辞』を私の判断で書き留《と》めさせているので、誰にも読めるようにしてくれないか」
萬侶「理にかなったものにします。漢文形式でなくて、大和言葉を残し、漢字の音・訓を用い、誰もが読みやすいものにいたしましょう」
天武「今一つ頼みがある。新羅《しらぎ》・高麗《こま》や全国各地から朝貢《ちょうこう》にくる。宴《うたげ》の設営《せつえい》も頼むぞ」
萬侶「はい、かしこまりました」
★雅楽《ががく》・神楽《かぐら》、【神楽笛、龍笛、鼓、御輿】

七　多禰国《たねのくに》からの朝貢《ちょうこう》と太宰府赴任《だざいふふにん》

多禰に屯倉《みやけ》を置く。屯倉は直轄領《ちょっかつりょう》から収穫した稲作を貯蓄する米倉《こめぐら》である。

六七七年二月　多禰嶋《たねのしま》の人たちと槻《つき》の木の下《もと》で宴《うたげ》を開く。槻《つき》の木の下《もと》は蹴鞠《けまり》の場所であり、壬申の乱のとき、近江朝方の軍営の建物であったが、この頃は、辺境《へんきょう》の人々をもてなす仮設《かせつ》の饗宴《きょうえん》の建物となっていた。【現在の飛鳥寺西方遺跡である】

・六七九年一一月二三日　大使倭馬飼部造連《やまとのうまかいべのみやつこつら》、小使上寸主光父《うえのすぐりこうぶ》を多禰嶋《たねのしま》に遣《つか》わす。

・六八一年　八月二〇日　多禰嶋《たねのしま》に遣わした使者らが多禰国の地図を献上《けんじょう》する。

(一)多禰国からの朝貢【天武天皇と安萬侶(萬侶)さん】

歓迎《かんげい》の宴《うたげ》の準備、雅楽《ががく》の練習

天武「安萬侶、多禰嶋《たねのしま》の人たちの歓迎の宴《うたげ》を企画《きかく》してくれ」

「場所は、飛鳥寺の西側の槻の木の下の建物で良い」

【天皇自らが宴を取り仕切り、安萬侶さんも宴の企画に加わっていた】

萬侶「かしこまりました。用意万端《よういばんたん》、任《まか》せてください。雅楽の演奏はいかがでしょうか」

天武「それは、おもしろい。多の雅楽を宴の開演にしてはどうかな」

六八一年九月一四日　多禰嶋の人たちと飛鳥寺の西側の川辺《かわべ》で饗応《きようおう》する。

飛鳥寺の西側、槻《つき》の木の下《もと》での酒宴《さけのうたげ》にて

天武「今日はよろしく頼むぞ」

安萬「多の雅楽団も連れてきています」

【雅楽団の入場】

「では、早速、始めさせていただきます。まず、雅楽を楽しんでください」

多禰の人「安萬侶さま、すばらしいです。」「私たちの国は筑紫(九州全体)の南の海中にあります」

「人々は髪を切り、草の裳を身につけています、海流に乗ると、木国熊野にも船で行けます。平野があり、川からは砂鉄《さてつ》が採《と》れる「鉄の島」です。平均気温は一九・六度で、お米は一年に二度収穫できます。くちなし、がま、種々の海産物も採れます」

【米の二期作】

安萬「うん・・・お米が二度も採れるのですか。砂鉄も・・・」

・六八二年　七月　三日　隼人《はやと》が朝貢。相撲会【◎大隅隼人《おおすみのはやと》×阿多隼人《あたのはやと》】
・六八二年　七月二五日　多禰の人・屋久島の人・奄美の人、禄《ろく》を賜る。
・六八三年　三月一九日　大使・小使が多禰嶋から帰還する。

（二）品治の天下巡行【品治・中臣大島と安萬侶（萬侶）さん】

六八三年一二月　小錦下《しょうきんげ》多臣品治は、伊勢王《いせのおおきみ》、大錦下《だいきんげ》羽田公八国《はたのきみやくに》、小錦下《しょうきんげ》中臣連大島《なかとみのむらじおおしま》、判官・録史《ふびと》・工匠者《たくみ》らと天下巡行し、諸国の境界をきめる任務に就く。

品治「安萬侶、私は、伊勢王に伴って、全国を巡り歩き、国と国との境界を決めなければならない。あとを頼んだぞ」
萬侶「ご苦労さまです。無理をなさらないように」
【父品治は天下巡行し、任務を終え帰郷する。途中、大島邸に寄り、家に戻る】
品治「今、帰ってきた。大島様も一緒だよ。安萬侶」
萬侶「お帰りなさい。父がお世話になっています。大島様、天武天皇の是と定めた正史は漢文体ですね。多氏に伝わるものと比較したいと思っています」
大島「ご存じのように漢文体で書いてあります。これが、その『写し』です」
萬侶「正史に出てくる筑紫のこと、出雲、吉備、讃岐、・・・全国のこと、教えてくださいね」
【父・品治と大島は親友であった。大島は漢詩（「懐風藻」二首）も詠み、後に神祇伯となる】
・六八四年　一一月　多臣品治、伊賀方面での戦闘での活躍により、「朝臣」を賜る。

多臣ら五二氏に朝臣を賜る。　　　　★【多家では盛大な祝宴《しゅくえん》が開かれた】
・六八五年　多朝臣品治《おおのあそみほんじ》ら合わせて一〇人に「天皇の御衣と袴《はかま》」を賜《たまわ》る。
・六八六年　九月九日　天武天皇、病《やまい》により、没す。
・六八八年　檜隈大内陵（天武天皇陵・野口王墓古墳）明日香村野口にある。【一五三頁参照】
・六八九年　草壁皇子《くさかべのみこ》、没す。飛鳥浄御令を制定。筑紫太宰帥、河内王
・六九〇年　鸕野讃良皇女《うのさらら》が持統天皇として即位。
(三)藤原京《ふじわらのみや》（大極殿《おおあんどの》）の完成【持統天皇と天国の天武天皇】
藤原京造営の祈願に吉野宮《よしののみや》(斉明天皇二年条の造営)へ三三回行幸。【吉野宮《よしののみや》推定地】
持統「この宮滝の景色は、昔と少しも変わっていませんよ。ここ吉野宮は、貴方《あなた》との夢の誓いの
場所です。天国から見守って下さいませ」
藤原京の造営にあたり無風水害祈願のため、高官を龍田大社《たつたたいしゃ》の風の神(奈良県・三郷町立
野)、広瀬《ひろせ》神社の水の神(奈良県・河合町)に何回も詣《まい》らせている。
さらに、伊勢神宮の「式年遷宮《しきねんせんぐう》」を始めたのも、持統天皇である。
六九四年　藤原京（大極殿）の造営。
大極殿の真南、四㎞位置に天武天皇陵があり、持統天皇、天国の夫に報告する。
持統「貴方の御陵から真北《まきた》の位置に大極殿《おおあんどの》を造りました。これからも見守って下さいね」
持統「御陵から見えますか。あなたの夢・藤原京が完成しました」

【東西二四〇メートル　南北六〇〇メートルで中央に大極殿（『周礼考工記』）が完成。真南に、野口王墓古墳】
天国の天武「素晴らしい。飛鳥の宮と比べものにならない。これで、大和国も安泰だ」
「京と地方を結ぶ大道も、次々と出来ている。・・・讃良《さらら》、ありがとう」
【道幅は約十二メートル、六千三百㎞とか。（駅鈴《えきれい》制）】

・六九五年　三月二三日　多禰嶋《たねのしま》で朝廷に帰属《きぞく》しない未開の人々の居場所を調査する。

・六九六年　八月二五日　多朝臣品治、直広壱《しこういち》を授ける。大徳　正四位下★【多朝臣品治没】

・七〇一年　大宝律令

『続日本紀《しょくにほんぎ》』文武天皇四（七〇〇）年十条に「直広壱《しこういち》　石上朝臣麻呂を筑紫総領《ちくしそうりょう》に、直広参　小野朝臣毛野を大弐（次官）となし、直広参　波多朝臣牟後閇を周防総領となし」とある。

大宝律令（七〇一年）によって、九州の大宰府は政府機関として確立したが、他（吉備大宰、周防総領、伊予総領）は廃止された。

筑紫大宰は、西海道九国（筑前、筑後、豊前、豊後、肥前、肥後、日向、薩摩、大隅）と三島（壱岐、対馬、多禰）を治めた。「遠《とお》の朝廷《みかど》」とも呼ばれた。

（四）安萬侶、太宰府《だざいふ》に赴任【石上麻呂（後の大宰府の帥《そち》）と安萬侶さん】

七〇二年　当時の「太宰府政庁跡」は天満宮から二㎞、西側にあった。石上麻呂は筑紫大宰《つくしのおおみこともち》。

麻呂「長旅、ご苦労様。そちの武勇のことは、よく聞いている。大変心強く思っている」

萬侶「もったいないお言葉、痛《いた》み入ります。途中、瀬戸内の山城、水城《みずき》・大野城《おおのき》・椽城《きのき》（基肄城《きいのき》）

をはじめ太宰府の周りの防備には感心しました」

麻呂「白村江の戦いで大敗し、大陸からの攻撃に備《そな》えたまでだ。なかでも、水城は一・二㎞の堤で外側に濠があって水を溜めて敵の侵入を防ぐものだ。今は、その心配は要らないが、・・知っての通り、薩摩《さつま》・多禰《たね》の方が騒がしい。六九五年頃からの薩摩・多禰国《たねのくに》の不平分子は勢力を拡大してきた」

萬侶「存じております」

麻呂「多禰国の□□□□が救いを求めてきている。話を聞いてやってくれ」

萬侶「その者でしたら、知っております。早速会って、作戦を立てましょう」

（多禰国の地図を広げ、不平分子のアジトを確認し、上陸する場所を・・・）

麻呂「多禰国の者も貴方を信頼している。ここは、総大将として、太宰府の兵を率いて、薩摩・多禰の反乱の平定に行ってくれないか」

時に、安萬侶さんは、大宰府の大監であった。大宰府は九つの国の外に、多禰も支配下に置いていた。大監《げん》は大宰府の帥（長官）の下の四等官のひとつである。

六九五年三月二三日の調査で、不平分子の居場所（アジト）は、分かっていたし、多禰の島に上陸するにも、六八一年八月二〇日に貢上された多禰国の地図は有効に活用できた。また、安萬侶さんは、飛鳥寺の西での二度の饗宴により、多禰の人々と交友関係があった。

七〇二年八月一日、多禰の人々の協力で上陸でき、海と陸からの圧倒的な軍事力で鎮圧《ちんあつ》した。薩摩国の反乱についても、大隅国の協力を得て、地形に詳しい大隅国の兵に先導させ、鎮圧《ちんあつ》することができた。父・品治から学んでいた人間関係の大切さを痛感したのである。八月一日、薩摩・多爾の鎮圧《ちんあつ》後すぐに、戸を調査し、国司・嶋司を置いた。八月一六日、石上朝臣麻呂が太宰府の帥となる。

・七〇二年　屋久島をふくむ「多爾国」を置く。島の北に御崎、南に門倉岬がある。
　　島の東側の熊野神社は、黒潮に乗って、熊野大社と通じていたと考えられる。

・七一三年　大隅国。※薩摩国も八世紀初頭。

八　薩摩《さつま》・多爾《たね》の乱、平定し都に【持統太上天皇（天智天皇の娘）と安萬侶（萬侶）さん】

安萬侶さん、薩摩・多爾の反乱を鎮圧し、筑紫から都に帰ってくる。

九月一四日、文武《もんむ》天皇・持統太上天皇は安萬侶さんを宮中に呼び、勲五等を授ける。従五位下。

文武「安万侶、遠いところまで行かせてすまなかった。おかげで、薩摩・多爾《たね》の乱も平定できた。武功として、勲五等を与える」

萬侶「もったいないことで、ありがとうございます」

持統「安萬侶、これからは、「多氏」を「太氏」に改め、都にいて、中心となって、働いてくれないか。ふるさとの多の里、多氏の名は残したままでよい。飛鳥川の肥沃《ひよく》な大地・飫富《おほ》の里は人民の心も豊かで意富《おほ》の里でもあり、神八井耳命様を祖とする由緒《ゆいしょ》のある氏である。これからは都の中で政《まつりごと》をしてもらうので、同じ「オオ」で「多い」から「太い」の字で太氏としてはどうか」★【「多」は数が多い意、「太」は大大の意、安萬侶さん、「太氏」を使う】

萬侶「本日から、太の字を使わせていただき、しかと、務《つと》めさせていただきます」

持統「よかった。これで、都の政《まつりごと》も安心だ。私の最後のお願いを聞いておくれ」

萬侶「はい。私にできることでしたら、・・・」

持統「そちのお父さんから壬申の乱について、色々と聞いていますね。私の夫（天武）の正統性を踏まえて、お願いしていた国史の編纂を完成して欲しいのです。これからは、都の政《まつりごと》と、国史の編纂に取り組んでおくれ」

萬侶「わかりました。ほんの少し、天武天皇の時代と改変した部分があります。今では、「天」から「高天原」に定着した言葉になっています。これらのことも踏まえて、天武天皇の意向は変わっておりません。漢字は精選し、大和言葉で分かりやすく読みやすいように取り組んでいます。短歌等は冗長になっても、漢字一文字で一音と考えています。そして、多くの人が読めるように易しい漢字を用いるようにしています」

持統「いろいろと御苦労をかけるがよろしく頼みます」

・七〇二年一〇・一一月　持統太上天皇、東国行幸（参河《みかわ》・尾張・美濃・伊勢・伊賀国）

・七〇二年一二月二二日、持統太上天皇、病により没す。

持統「私は大気となり、この国を見守りたい」【遺言によりはじめての火葬。天武天皇陵に合祀】

九　古事記と万葉の和歌【柿本人麻呂《かきのもとのひとまろ》と安萬侶（萬侶）さん】―「朴なる語意」―

柿本人麻呂は万葉歌人、「歌聖」と呼ばれ、持統天皇《じとうてんのう》、文武天皇《もんむてんのう》の二代にわたり舎人として仕え、天皇の行幸にもお伴をしている。王権讃歌《おうけんさんか》や皇子女の没時の挽歌《ばんか》が多く、宮廷儀礼などにおける専門的な歌人であった。【草壁皇子没時（六八九年）の挽歌から、新しいものでは、日香皇女没時（七〇〇年）の挽歌まで。】人麻呂《ひとまろ》が宮廷歌人《きゅうていかじん》としての役目を終え、石見国《いわみのくに》に地方長官として赴任《ふにん》するまで、安萬侶さんとは宮中で何度か会い話している。話した記録はないが、古事記の神話・短歌の表記や、万葉の歌集の第一期、お互いに内容を読んでいて、影響しあっていたと考えられる。柿本臣は、家の門に柿樹があったからだとか。大和国添上郡を本拠とする氏族である。持統天皇《じとうてんのう》の「春過而　夏来良之　白妙能　衣乾有　天之香来山」（春過ぎて　夏来たるらし　白たへの　衣ほしたり　天の香具山《かぐやま》）」の歌のあと、万葉集では近江の荒れたる都を見て作った人麻呂の歌は印象的だ。壬申の乱のために春草が茂く生いたる。また、人麻呂は大和と讃岐を往復し万葉の心を詠っている。【青丹吉《あおによし》から玉藻吉《たまもよし》へ】

玉藻吉《たまもよし》讃岐国は国柄か見れども飽かぬ神柄かここだ貴き天地日月とともに・・・

人麻呂「太安萬侶様、久しぶりです。古事記の方はどうですか」【坂出市沙弥島に人麻呂の碑】

安萬侶「人麻呂さんの方こそ、歌集の方はどうですか」　【一五一頁参照】

人麻呂「万葉の歌の中に、舒明天皇の国見の話があります」

安萬侶「倭建命が伊勢の能煩野《のぼの》で歌われた国偲歌《くにしのびうた》は、同じ感情が中心に流れていますね」
人麻呂「この国は、秋津島《あきつしま》と考えています。秋津《あきつ》とは蜻蛉《とんぼ》のことですね。この盆地のことを『蜻蛉のとなめの如し』とは、素晴らしい例えですね」【臀呫《となめ》の輪・一五二頁参照】
「蜻蛉は幼虫時は、害虫を食べてくれる。そして、蜻蛉は、秋の実りの頃には山から下り、黄金の稲穂の谷間を元気に舞う」
安萬侶「万葉の心とは、清き明き心で、自然を純粋に愛する心ですね」
人麻呂「私もそのように考えています。万葉の心とは大和心です。大和言葉の言霊は大和心です。讃岐の狭岑《さみね》の島での挽歌《ばんか》に、讃岐国を『国柄《くにから》か　見れども飽《あ》かぬ神柄《かみから》か　ここだ　貴《たふと》き天地日月《あめつちひつき》と共《とも》に足《たり》り行《ゆ》かむ　神の御面《みおも》と継《つ》ぎ来《きた》る』の神の御面と歌ったのは、古事記の国生《くにう》み神話の表現で讃《たた》えることにより、航路の安全と死人の魂鎮《たましずめ》めを祈ったものです」
安萬侶「古事記は変体漢文体《へんたいかんぶんたい》ですが、特に、古事記の中の短歌は、一字ずつ漢字の音を借りて、少し冗長になっても表記しました。例えば、『夜麻登波《やまとは》　久爾能麻本呂婆《くにのまほろば》　多々那豆久《たたなづく》　阿袁加岐《あおがき》　夜麻碁母礼流《やまごもれる》　夜麻登志宇流波斯《やまとしうるわし》』。【音仮名《おんがな》主体表記】古代人は、青い山並《やまなみ》に囲まれた処を理想郷としたのですね。一字一音、易しい漢字を使うと人麻呂さんが使っている漢字と同じ漢字になりますね。持統上皇の望まれていたことに・・・」
人麻呂「万葉の歌も訓字《くんじ》主体表記と音仮名《おんがな》主体表記があります。一字一音《いちじいちおん》の音仮名主体表記では、安萬侶さんの古事記の短歌と私の歌は同じ漢字になります。心強く思っています」

安萬侶「これで、大和言葉に宿る神秘的な霊力が伝わってきますね」

【柿本人麻呂と太安萬侶の一字一音の五十音図】

あ阿・安	い伊	う宇・有	え延	お於・意
か加・香・賀・可	き伎・岐・芸	く久・具	け気・計・宜	こ許・碁
さ佐・左・狭	し斯・志・師・自	す須・豆・受	せ勢・世	そ曾・蘇
た多・手・太	ち知	つ都	て弖・而	と登・等・度
な奈・那	に尓・爾・邇	ぬ奴	ね禰	の能・之・乃
は波・者・婆	ひ比・毘・備	ふ布・夫	へ部・辺・弊	ほ保
ま麻・摩	み美・彌	む牟・武・無	め米・売	も母・毛
や夜・也	ゐ爲	ゆ由・遊	ゑ恵	よ余・与
ら良	り理・利・里	る流・留	れ礼	ろ呂・路
わ和				
を乎・袁・遠				

安萬侶と人麻呂の使用漢字に共通の漢字が多い。

万葉の歌を行書体《ぎょうしょたい》から草書体《そうしょたい》とくずしていくことにより、草仮名《そうがな》・万葉仮名《まんようがな》として、平安時代には、その万葉仮名の中から、平仮名《ひらがな》が生まれたのである。

一〇　古事記の編纂《へんさん》の命【元明《げんめい》天皇（天武天皇の姪）と安萬侶（萬侶）さん】

七一〇年　元明天皇により、藤原京から平城京へと都は移された。元明天皇は、天智天皇の第四皇女（天武天皇の姪《めい》）である。安萬侶さんは、元明天皇の姉・持統天皇から国史の編纂《へんさん》のことを頼まれていて、国史の編纂作業は、着々《ちゃくちゃく》と進んでいたのである。

七一一年九月一八日　元明天皇（五〇歳）に呼ばれる。元明天皇は正式に、当代一《とうだいいち》の学者の安萬侶さんに成書化《せいしょか》を命じたのである。ときに、稗田阿礼《ひえだのあれ》は五八歳。

元明「安萬侶、お姉さん（持統）から聞いてくれていると思うが、国史の編纂は・・・・」

萬侶「はい。ほとんどできあがっていますが。神話の部分が今少しと、仁徳《にんとく》天皇以降・・・。推古《すいこ》天皇までにしましょうか」

元明「そのことについて、添下《そえしも》郡の賣太《めた》神社の神官であり、稗田阿礼《ひえだのあれ》というものがいます。稗田阿礼は語《かた》り部《べ》であり、天武天皇の舎人《とねり》（近習）でした。阿礼は記憶力の良い男で、天宇受売命《あめのうずめのみこと》が祖先《そせん》であると言われています。・・・」【賣太《めた》神社・一五三頁参照】

萬侶「持統天皇様から聞いています。天武天皇が阿礼の語《かた》りをもとに、漢字は精選《せいせん》し、大和言葉で分かりやすく読みやすいように、取り組んでいます。私の方も、一度会って、聞きたいと思っていたところが、何カ所かあります」

元明「私の方から、そちに会うようにいっておきます。よろしく頼みます」

萬侶「分かりました」

元明天皇は天智天皇第四皇女(草壁皇子《くさかべ》の妃)、風土記《ふどき》も作らせる。【好字化の奨励】

どんなときも、人民のことを一番に考える賢い女帝であった。

一一　古事記の編纂《へんさん》【稗田阿礼《ひえだのあれ》と安萬侶（萬侶）さん】

ＪＲ奈良駅の南西（四条四坊八坪）の太安萬侶邸にて

阿礼「こんにちは、稗田阿礼《ひえだのあれ》です。天皇様からあなたに会うように命じられました」

萬侶「ようこそ、おいで下さいました。太安萬侶です」

阿礼「私の祖先《そせん》は天宇受売命《あめのうずめのみこと》です」

萬侶「知っています。天の岩屋《いわや》で神事《しんじ》を行い、天孫降臨《てんそんこうりん》の時、先導《せんどう》した神様ですね」

阿礼「出迎えにきた猿田毘古大神《さるたびこのおおかみ》を伊勢まで、送って行くことになったのですね」

萬侶「神の名を受《う》け継《つ》ぎ、猿女君《さるめのきみ》の姓を賜ったのですね。私の祖先は多神社の神官の神八井耳命《かむやいみみのみこと》です」

阿礼「神武天皇《じんむてんのう》様の皇子様ですね」

萬侶「とりあえず、仕事にとりかかりましょうか。阿礼さんが、若いときに天武天皇の前で、語られたものを書き写したものを大和言葉を生かしながら、漢字の音訓《おんくん》を用いて書き写したものがあります。短歌等は、漢字の借音《しゃくおん》にしました。神様や場所の名前、擬態《ぎたい》語等を情景を浮かべながら考えたいと思っていますので、よろしくお願いします」

阿礼「私は漢字の訓読《くんよ》みが得意《とくい》です」「訓読みについては、どうぞ申しつけください」
（阿礼は漢字の訓読みは得意で、借訓については自分の意見を言う。）
萬侶「固有名詞、神様の名前や地名については、後から検討することにしましょう。使用する漢字を絞って、なるべく易しいものにし、訓を統一して、音は一字一音の表記を原則としましょう。阿礼さんの語りがなくても、読めるように書こうと考えています。私が書きとめているのを見て、阿礼さんの訓読みの方が適切な場合は、遠慮せずに言ってください」

【能は「の」、本は「ほ」、礼は「れ」と読む】
（阿礼の語りについては省略します。）
・安萬侶、『古事記』の序で、阿礼の特技を「目に渡れば、口に誦《よ》み、耳にふるれば、心にしるす。阿礼は訓読ができ、口で暗唱して忘れなかった」と記した。
・漢字の音と訓を交《まじ》え用いた独特の変体漢文体で記した。

【安萬侶さんの表記の上での工夫】『古事記』の編纂で安萬侶さんの考えたこと・・・。
・すべてのものに、太陽、月、風、水、石、土、山、川、海、桃等々に神が宿る。
太陽信仰・風の神・水の神・磐座信仰《いわくらしんこう》・大山津見神《おおやまつみのかみ》・綿津見神《わたつみのかみ》・意富加牟豆美命《おおかむずみのみこと》。
・洪水、地震・噴火、津波、台風、日食、月食等々の自然現象も神の業《わざ》である。
天之御中主神《あめのみなかぬしのかみ》は最高神であり、中国の道教的思想《どうきようてきしそう》で、宇宙の最高神である。
高御産巣日神《たかみむすひのかみ》とは「高く、神聖《しんせい》な生成《せいせい》の霊力」と神産巣日神《かむむすひのかみ》とは「神々《こうごう》しい神聖な生成の霊力」であり、「ムスヒ」は生成の霊力で国生みをはじめ、あらゆる万物の生成に繋がる。

淡路島は海人族の阿曇《あずみ》氏に・・・。【日本人の自然崇拝《しぜんすうはい》・アニミズム】
・国生《くにう》み神話は、淡路の人々が語り伝えていた「島生《しまう》み神話《しんわ》」が土台にある。
淡路・塩飽《しわく》諸島等々の潮の満ち引きや潮の流れ、渦潮や製塩・・・。【淤能碁呂島《おのころじま》】
海に映る虹を天の浮橋《うきはし》と考えたかも・・・。
・大八島《おおやしま》（洲）としたのも、私たち日本人の好きな数字は八だから・・・。
・太陽の恵み・自然の恵み、水の恵みが、お米の豊作をもたらす。山の幸・海の幸。
・斐伊川《ひいかわ》の蛇行と洪水と河岸の砂鉄が八岐大蛇《やまたのおろち》に似ている。大和川・寺川も蛇行と洪水等、
同じであるが、あえて、出雲に「大蛇伝説」を・・・。
・出雲の『風土記』の中では、「大蛇伝説」は記されていない。
・田原本町今里《いまざと》の昇《のぼ》り龍、鍵《かぎ》の降《くだ》り龍等、藁《わら》で作った龍は、「水を司るの神様《かみさま》」である。
・稲の穀霊であるニニギが高く積み上げた穂（高千穂）の上に出現するとされている。
邇々芸命《ににぎのみこと》（稲穂）＋山の幸（木之花佐久夜毘売命《このはなのさくやびめのみこと》）＋海の幸（豊玉毘売命《とよたまびめのみこと》）
（神話について、安萬侶さんは稗田阿礼の語りの内容を知識として把握《はあく》していた。）
・中国大陸から筑紫国、豊国・日向国へのルートは、稲作《いなさく》の伝播《でんぱ》の一つである。
天孫降臨から、稲作と桜、日向三代、神武天皇の東征の神話に繋がる。

天武天皇は幼少の頃、「大海」は「おほしあま」と読み、乳母の「凡海連《おほしあまのむらじ》」」に育てられ

たことと山佐知毘古《やまさちびこ》の海神の宮への訪問、壬申の乱の天照大御神《あまてらすおおみかみ》への朝明郡での望拝、持統天皇の御代に「式年遷宮《しきねんせんぐう》」が実施されたこと、等々と天照大御神《あまてらすおおみかみ》と天武天皇・持統天皇とのつながりは深いものがある。ります。「ムスヒ」の神聖な生成の霊力は、天照大御神・太陽の恵みのもとに成り立っている。【「ムスヒ」の神聖な生成の霊力の中心に天照大御神《あまてらすおおみかみ》・太陽の恵みの力がある】

さらに、弟の天武天皇が皇位に付くことが神話の中に流れている。弟の山佐知毘古《やまさちびこ》、末子《すえつこ》の神武天皇、そして、綏靖天皇をはじめ、懿徳、孝安、開化、崇神天皇等、その後の天皇についても、長子でない場合が多い。ちなみに、倭建命も弟である。

・玉依比売(魂に依りつかせる姫)は神武の母君で、活玉依毘売は大物主神の妻である。

・国名は木国《きのくに》、針間国《はりまのくに》、稲羽国《いなばのくに》、原意に忠実に表記することとした。

【『日本書紀』の地名は紀伊国、播磨国、因幡国、七一三年、好字化・二字化の影響】

・まだ、訓読みが確立していないので、短歌は一字一音、借音のみで表記する。歌の心や情景が訓読みを使うことで、微妙にニューアンスが損《そこ》なわれるといけない。短歌の場合は一字一音で冗長になるが、・・・。

・「夜久毛多都《やくもたつ》　伊豆毛夜弊賀岐《いずもやえがき》　都麻碁微爾《つまごめに》　夜弊賀岐都久流《やえがきつくる》　曾能夜弊賀岐袁《そのやえがきを》」

「八雲たつ　出雲八重垣　妻籠めに　八重垣作る　その八重垣を」

・「夜麻登波久爾能麻本呂婆《やまとはくにのまほろば》　多々那豆久阿袁加岐《たたなづくあおがき》　夜麻碁母礼流《やまごもれる》　夜麻登志宇流波斯《やまとしうるわし》」

「倭は　国のまほろば　たたなづく青垣　山籠める　倭しうるはし」【大和心を忠実に】

・神様の名前は、大変でした。一つの神に様々な力があり、容易に漢字を使うことができない。使う漢字により、その神様の意味が忠実に伝わらなくなるので・・・。そこで、伊斯許理度売命《いしこりどめのみこと》、意富加牟豆美命《おおかむずみのみこと》のように、短歌と同じように一字一音で表記した神の名がある。他にも、須佐之男命《すさのおのみこと》、伊須気余理比売《いすきよりひめ》など・・・。

・稲羽の素兎については、和邇《わに》を騙《だま》した兎は神様ではない。だから、「白兎」でなく「素兎《しろうさぎ》」と表記し、そして、改心して「神」となったら「白兎」とした。「白鹿・白蛇・白猪」白色の動物は、神の化身であると考えられていた。【安萬侶さんの素兎と白兎の心憎い使い分け】

・許々袁々呂々「コヲロ　コヲロ」とかき回す。内者《うちは》富良々々、外者《そとは》須々夫々。「内はほらほら、外はすぶすぶ」（鼠の言葉）擬態語《ぎたいご》は情感が浮かぶように表記する。

【大和言葉のまま忠実に】

一二　古事記の献上【元明天皇と安萬侶（萬侶）さん】

七一二年　正月二八日　平城京大極殿にて

萬侶「古事記が出来上がりましたので、献上に参りました」

元明「本当にありがとう。よくやってくれました」

元明「父上(天智天皇)も、叔父上(天武天皇)も、お姉様(持統天皇)も、さぞ、喜んでいることでしょう」

萬侶「序文と上巻《かみつまき》・中巻《なかつかみ》・下巻《しもつまき》の三巻です。上巻《かみつまき》は「神々の時代」、中巻《なかつかみ》は「神がかりの天皇の時代」、初代・神武天皇から一五代・応神天皇まで、下巻《しもつまき》は「人としての天皇の時代」、十六代・仁徳天皇から三三代・推古天皇までを書き表しています」

元明「これで諸氏族の持っている帝紀や本辞が一本化したので、叔父上(天武天皇)の憂えていたことが、なくなった。帝紀・天皇家の記載についても、後世に伝えるべき書物ができた。文武に優れた安萬侶殿だからできたこと。心からお礼を申し上げる」

萬侶「もったいないお言葉痛み入ります」

元明「そちには、これからも、国のために力を尽くしておくれ」

一三　その後の安萬侶

・七一一年　正五位上を賜った。

・七一四年　『日本書紀』の編集作業、始まる。「一書曰《あるふみいはく》」で異説・異伝を載せている。子孫の多人長《ひとなが》によると「安萬侶さんも助言をしたと」

・七一五年　従四位下を賜った。民部卿《かきべのかみ》となる。安萬侶さん、多忙極《たぼうきわ》まる。

・七一六年　多氏の長《おさ》となり、多の村に帰ることもあった。

・七二三年七月六日　安萬侶さん没。当時の高官は天皇と同じ火葬であった。
墓は、奈良市此瀬町《このせちょう》に作られる。墓誌《ぼし》についても、質素で目立たないように、最低限に留めるよう、安萬侶さんからの遺言であったと思われる。
・一九七九年一月二三日　奈良市此瀬町の茶畑から、安萬侶さんの墓が発見される。
・木櫃に火葬した人骨が納められていた。　【安萬侶さんの墓・一五二頁参照】
☆墓誌は二九・一㎝と六・一㎝、重さ七六・五二㌘の銅製。
『左京四條四坊従四位下勲五等太朝臣安萬侶以癸亥年七月六日卒之養老七年十二月十五日乙巳』
平城京内の居住地「左京四條四坊の八坪」　位階「従四位下」　勲「勲五等」　名「太朝臣安萬侶」　死亡年月日「七二三年七月六日」　埋葬年月日「七二三年十二月十五日」
・二〇一二年「太朝臣安萬侶卿の顕彰《けんしょう》碑《ひ》」を建てる。『古事記』のふるさと田原本・太安萬侶生誕の地記念フォーラム・古事記編纂一三〇〇年紀」記念事業

おわりに

古事記の原本は存在しない。現在、国宝とされている真福寺《しんぷくじ》本は、真福寺二代目信瑜の命で三代目賢瑜《けんゆ》が書写したものである。一三七一年　上巻と中巻、一三七二年　下巻　が完成した。真福寺は名古屋市中区大須《おおす》にあり、真言宗の智山《ちざん》派の寺院である。

　古事記には、自然のなかに神が、自然現象のなかに神が宿り、アニミズムの世界観がある。太陽の恵み、自然の恵みに感謝し、自然に畏敬の気持ちで受け入れ、自然を純粋な気持ちで愛した。太陽の神・天照大神、山の神・大山津見神、海の神・綿津見神《わたつみのかみ》・水の神・龍神、田の神、等々の

神々に祈り、私たちの幸せを願ってきた。

私たちの主食・お米は太陽の恵み、水の恵み、大地の恵みにより、育むことができ、副食である海の幸・山の幸は海の恵み、山の恵みにより、いただいている。食べ物はすべて神からの贈り物である。私たち人間・「青人草《あおひとくさ》」は生かされ、生きているのだ。この日本人の食文化が古事記の神話の底辺に流れているのである。

古代人は、青い海に囲まれ、青い山並みに囲まれた土地を住むべき理想の処「美し国」と考えていた。大和は青い山並みに囲まれたは自然豊かな秀真国《ほつまこく》である。

古事記の神話に見られる「うけい」「天の岩屋」「稲羽の素兎」「八俣のオロチ」「山佐知・海佐知」などの話の中に、日本人のアイデンティティがある。日本民族のアイデンティティがある。日本の心、日本人の美しい心、清き明き心、直き心、正しき心がある。太陽の恵み、自然の恵みに感謝し、自然に畏敬の気持ちで受け入れ、自然を純粋に　愛する心がある。万葉の心である。

この伝記についても、安萬侶さんについての資料が少なく、『日本書紀』、『続日本紀』、『日本の神々』から、祖父・蔣敷、父・品治、安萬侶さんの三代にわたる物語となった。

その当時、多氏に残る歴史書は、天武天皇の集めた資料の中でも、是とするに値するものであったと思われる。また、橿原考古学研究所の大和国の条理復元図を見ながら、多神社のすごさを知ることができた。太安萬侶さんの墓も発見され、墓誌も出土し、お骨も神社に安置されている。資料にあるように、安萬侶さんは使用した漢字も厳選し、大和言葉を残してくれた。安萬侶さんは、「民部卿《かきべのかみ》」で、当代の最も優れた学者であり、薩摩《さつま》・多禰《たね》の乱を平定し、勲五等を授かったことから武人でもあった。文武両道に秀でた素晴らしい人であった。

最後に、皆さんにこのような偉人の伝記を、私のような凡人が書くことを許していただき、少しでも、分かりやすい口語体の会話形式で書きあげました。

私は大和のまほろば・田原本・古事記の里の多神社の一氏子です。お正月には、多神社にお参りし一年が始まります。神社で安萬侶さんに伝記を書くことを報告してから、いつの間にか、学び考え、考え学びを繰り返し、二年半の月日を費やしました。

神社の森は大和まほろばの臍《へそ》のへそです。境内から、三輪山・大和三山・二上山をはじめ宇陀や吉野の山々・金剛山、葛城山、信貴山、生駒山・龍王山等の青垣の山々が見えます。『太安萬侶伝』と併せて、「太安萬侶讃歌」も作詞しました。作曲は増田建太氏です。愛唱していただければ幸せです。

安萬侶さんの水茎《みずくき》・古事記は、千古の思い今受けた夢と希望の道しるべです。

安萬侶さんは、私たちに大和言葉と大和心が残してくださいました。

おわりに、讃岐の古事記会・NPO法人讃岐京極会の皆様と柿本人麻呂の碑のある沙弥島を訪れ、安萬侶さんと人麻呂さんの接点にふれ、思いをめぐらすことができたことを記し、筆を置きます。

【完】

万葉の島　沙弥島《しゃみじま》（香川県坂出市）

柿本人麻呂碑

「玉藻吉、讃岐國者…」

第二部の資料

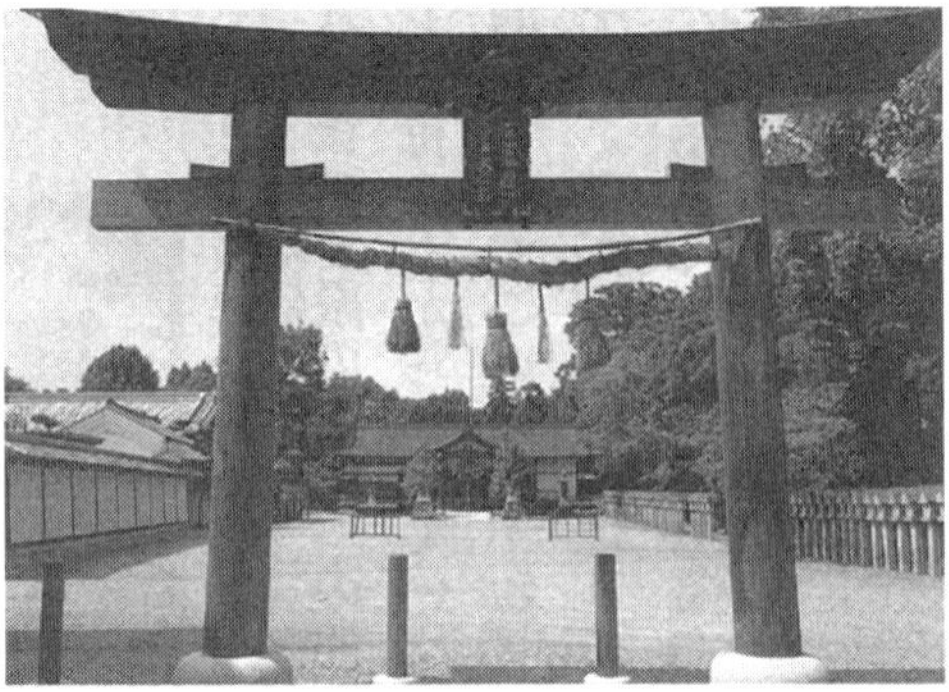

多　　　神　　　社

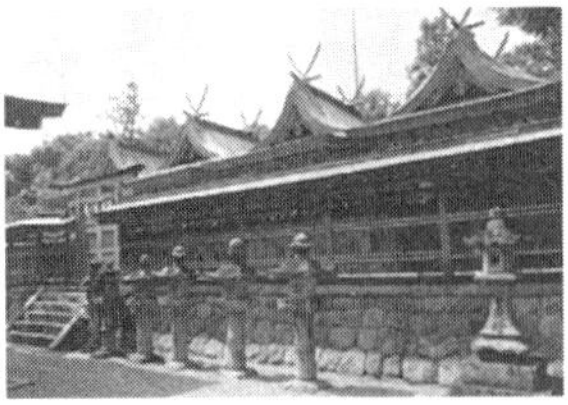

多神社・本殿

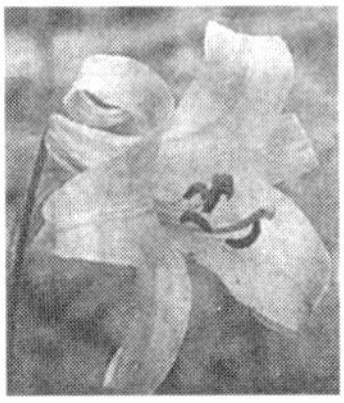

山百合

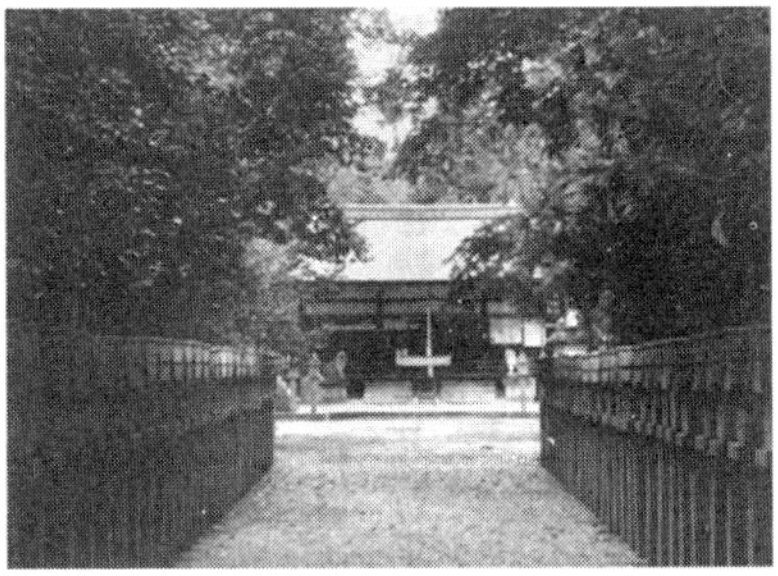

【村屋神社】

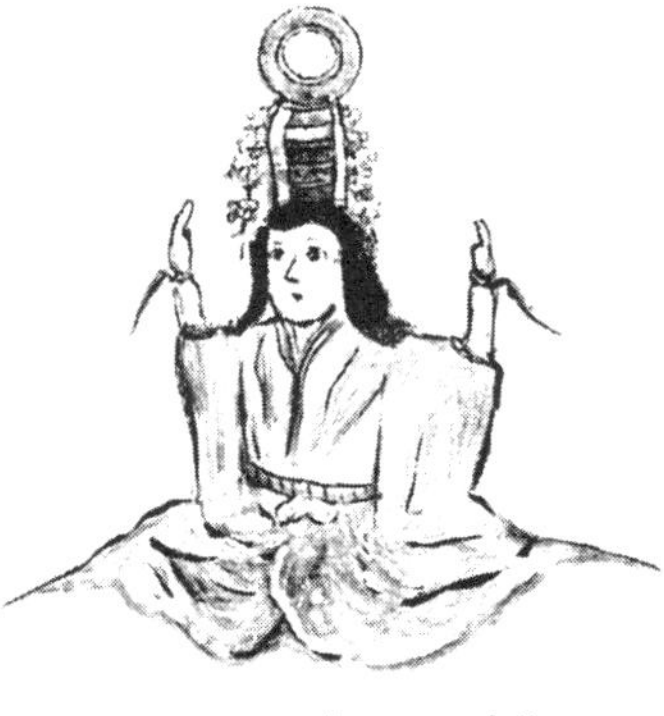

四　　方　　拝

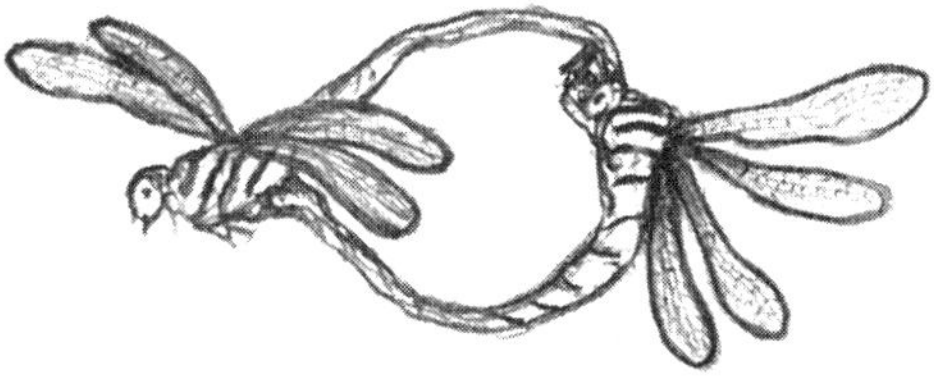

【蜻蛉の臀呫《となめ》】

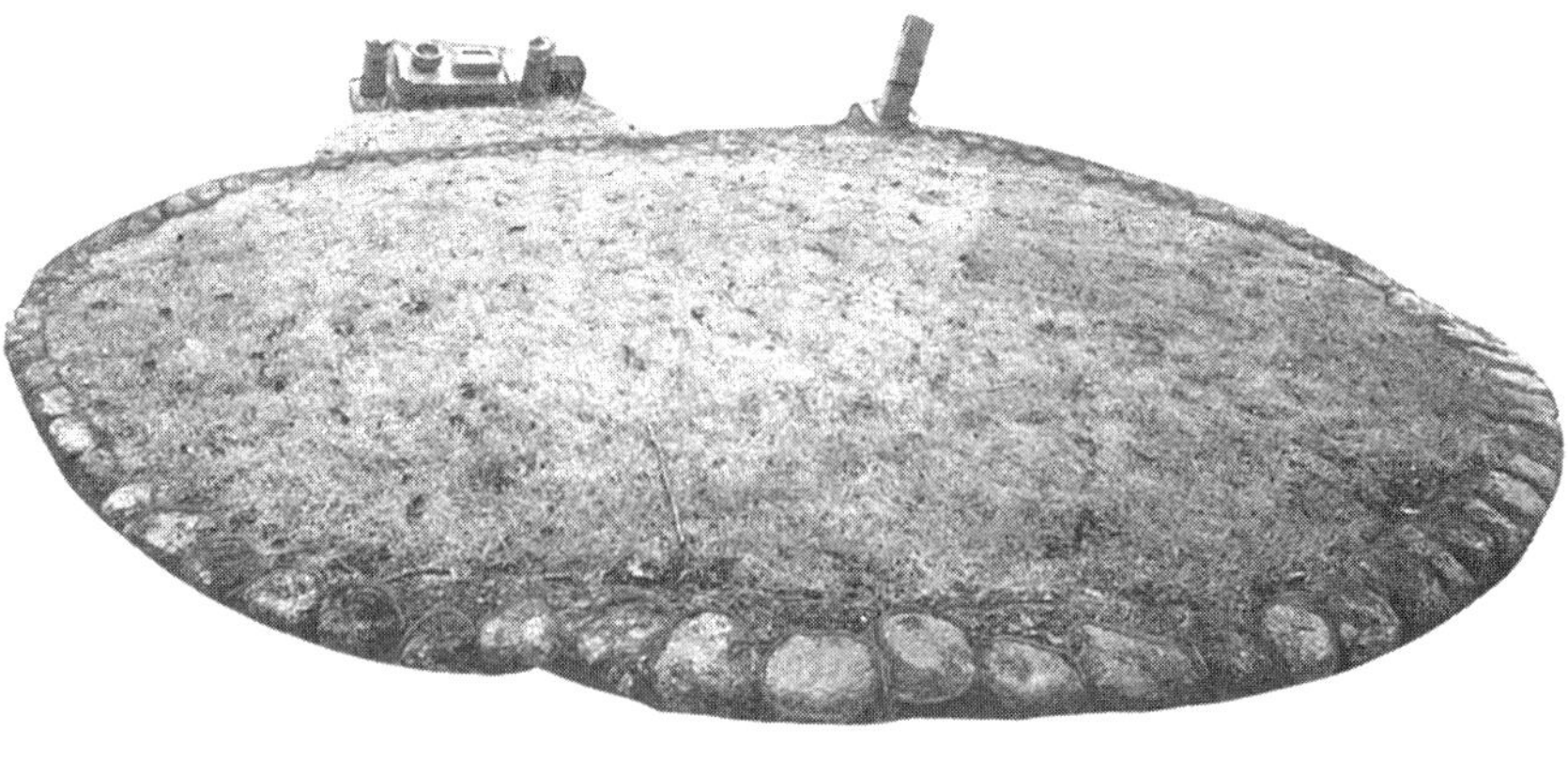

【安萬侶さんの墓】

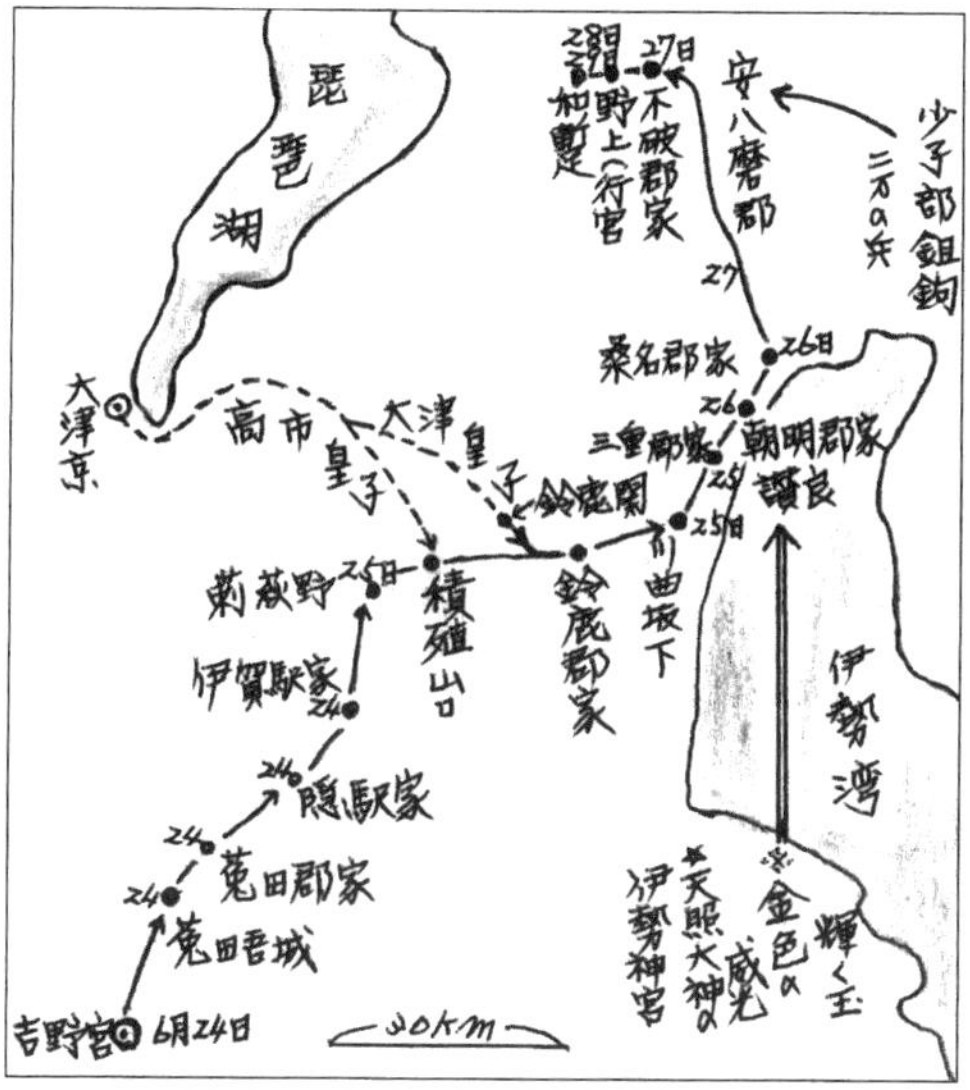

【大海人皇子の吉野宮の脱出と東遷《とうせん》経路】

【賣太《めた》神社】

【子部《こべ》神社の境内
蜾蠃《すがる》と子ども達】

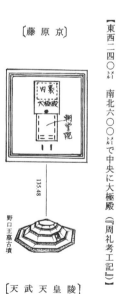

〔藤原京〕

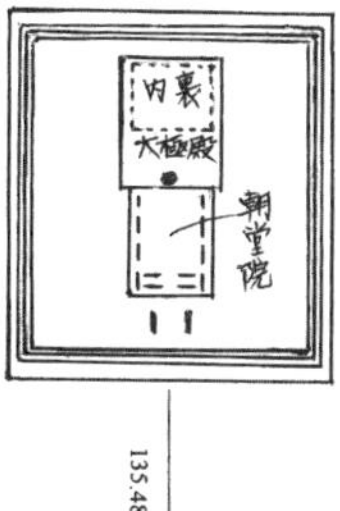

〔天武天皇陵〕

【野口王墓古墳】

【東西二一四〇メートル　南北六〇〇〇メートルで中央に大極殿（『周礼考工記』）】

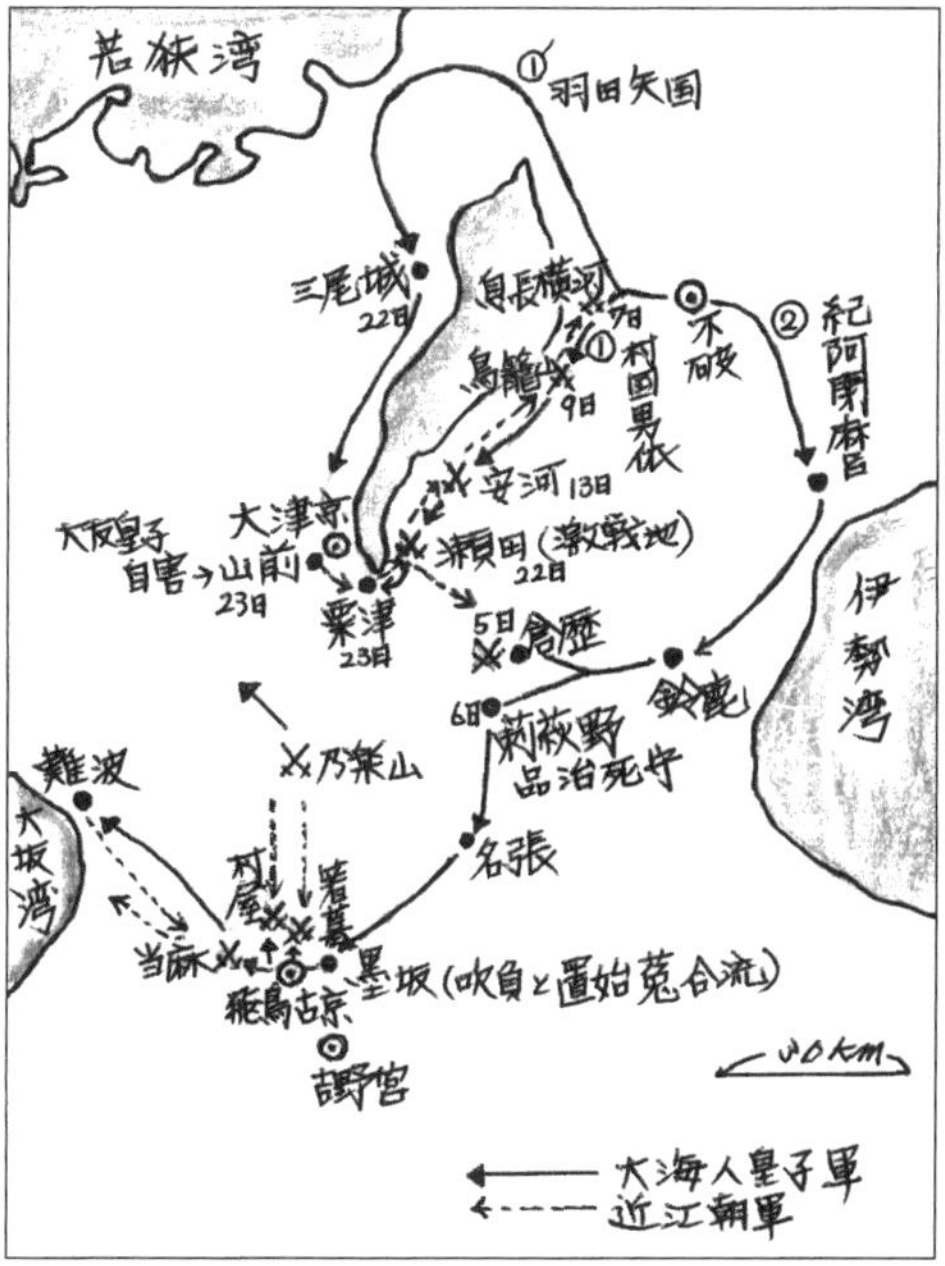

〔壬申の乱・戦況地図〕

【多神社・秦楽寺周辺の条里復元図】

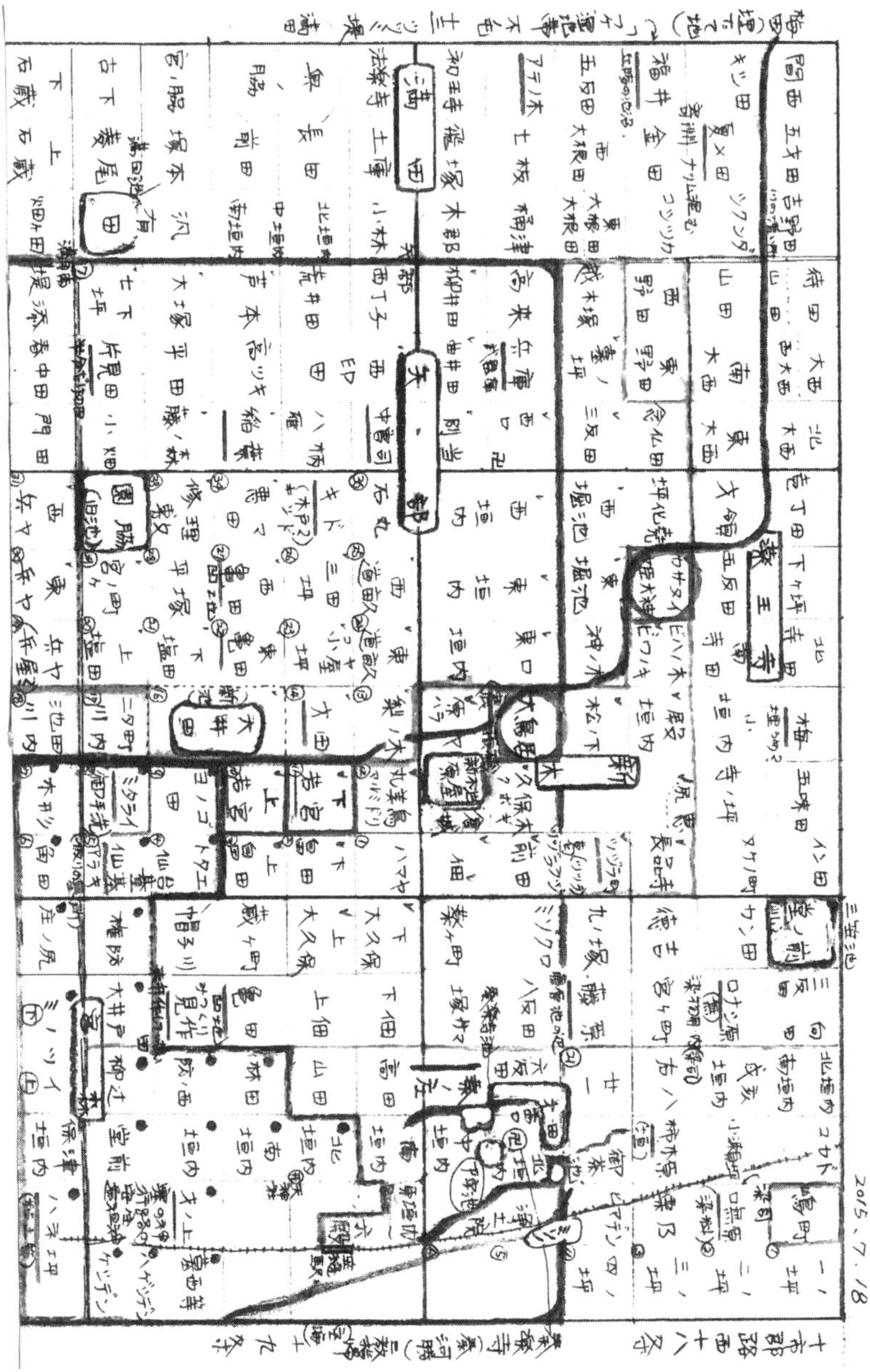

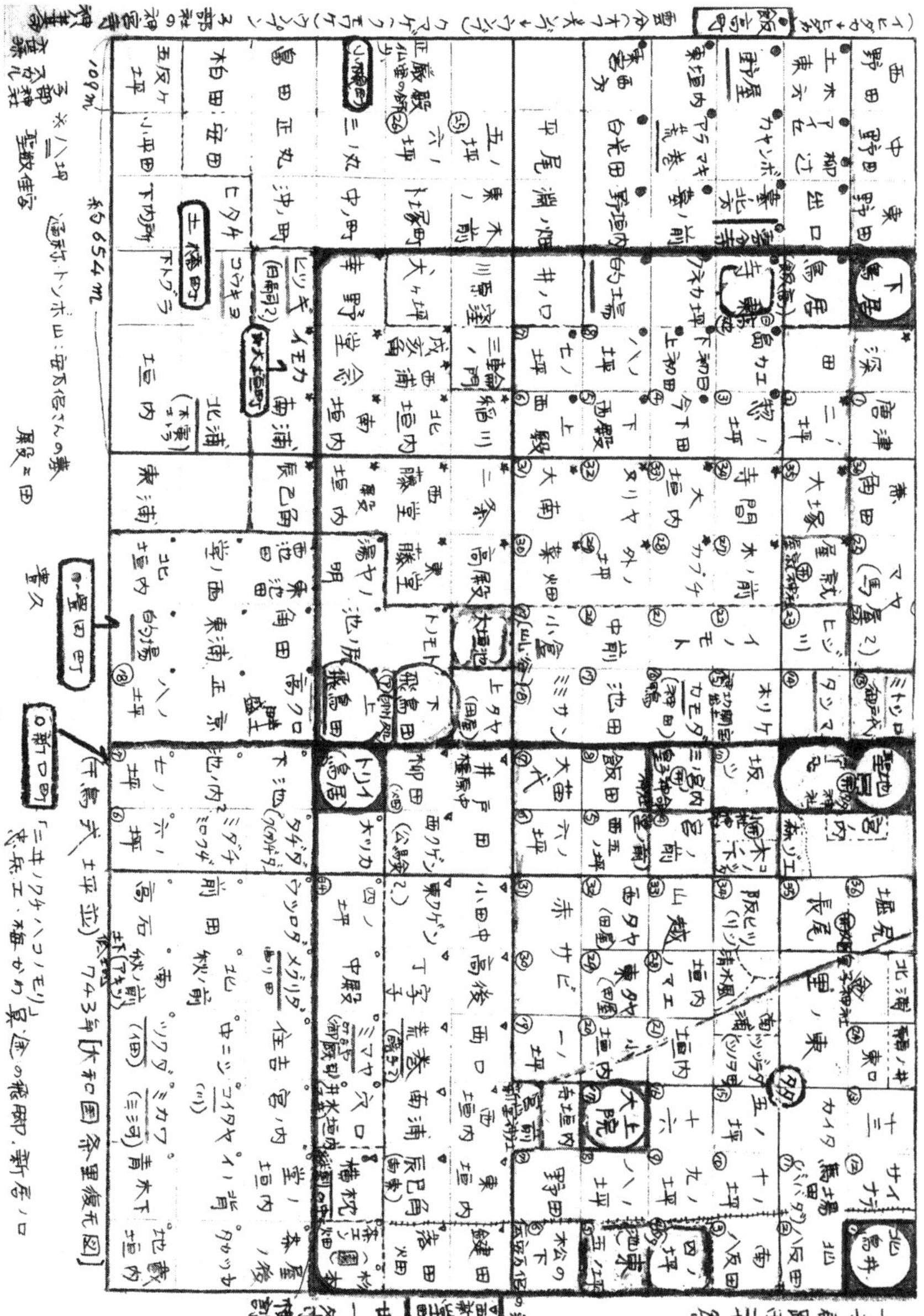

【大和国条里復元図・橿原考古学研究所】

【 太安萬侶さんの歴史的背景 】

☆五三八年　仏教伝来　物部氏 ⚔ 蘇我氏の争い

物部尾輿 ⚔ 蘇我稲目

物部守屋 ⚔ 蘇我馬子・厩戸皇子（補佐役：秦河勝）

☆厩戸皇子の政治

六〇一年　斑鳩宮　　六〇三年　冠位十二階

六〇四年　憲法十七条　　六〇七年　遣隋使　小野妹子　南淵請安

☆六二二年　厩戸皇子没　　☆六二六年　蘇我馬子没

六四三年　蘇我入鹿の横暴　　山背大兄王を斑鳩宮で攻め滅ぼす。

★六四五年　大化改新

中大兄皇子（天智天皇
中臣鎌足（藤原鎌足）
蘇我石川麻呂

⚔

蘇我入鹿の暗殺
蘇我蝦夷（入鹿の父）邸を焼く

★六六三年　白村江の戦　日本・百済の連合軍 ⚔ 唐・新羅の連合軍　●日本側は大敗

六六四年　遣唐使の派遣　◎水城を築く。大堤を築き水を貯え「水城」と名付ける。

六六五年◎大野城・椽城（基肄城）等、瀬戸内から大和まで「朝鮮式山城」十一カ所築く。

☆六六九年　藤原鎌足没　　☆六七一年　天智天皇没

★六七二年　壬申の乱　大海人皇子 ⚔ 大友皇子　〇大海人皇子（後の天武天皇）の勝利

六七三年　天武天皇即位

六八一年　『帝紀』・『旧辞』の「削偽定実」の事業・『古事記』の序
☆六八六年　天武天皇没　☆六八九年　草壁皇子没
六九〇年　持統天皇即位　六九四年　藤原京造営
☆六九六年　多　品治没
六九七年　文武天皇（軽皇子）即位　藤原宮子（不比等の娘）と結婚　持統天皇、上皇に。
七〇一年　大宝律令の制定　★七〇二年　薩摩・多禰の乱　太安萬侶、平定し帰京。
☆七〇二年　持統上皇没　☆七〇七年　文武天皇没　元明天皇即位
七一〇年　平城京遷都　七一二年　『古事記』編纂
七一五年　元正天皇即位（元明天皇の娘）
七二〇年　『日本書紀』編纂　☆七二一年　元明天皇没
☆七二三年　太安萬侶没　七二四年　聖武天皇即位

【多　氏　の　一　族　】
十市郡飫富　本拠地【大和・播磨・筑前・肥前・肥後・伊勢・尾張・遠江・信濃・常陸・上総・下総・磐城】　★神八井耳命　↓　★多臣蔣敷　★多朝臣品治　★太朝臣安萬侶
【多氏の人々】
☆平安時代　犬養の時　「太氏から多氏に戻る」

多朝臣犬養　東国征討軍副使　宝亀元年十月二十三日条から多氏に戻る。

多朝臣入鹿《いるか》　従四位下　官人　山陽道観察使兼左京大夫。藤原薬子の変に連座し、讃岐守、左遷。安芸守　讃岐権守　安芸守　讃岐権守

多朝臣人長《ひとなが》　従五位下　八一二年『日本書紀』講書の中心人物 官人　学者「弘仁私記」著
宮廷楽人（雅楽）と多氏　飲鹿→入鹿→藤野麻呂→自然麻呂《じねんまろ》へ

★多臣自然麻呂《じねんまろ》　平安前期の宮廷楽人　平安様式雅楽・舞楽（右方）の大成者
伎楽に代わって楽舞の主流となった唐楽・高麗楽（三国楽）は九世紀に入ってから日本化が図られ、左右両部制をとる。右方は多氏が中心となった。
宿禰を賜る。雅楽・舞楽・神楽等の祖　下総介、甲斐守、上総介
「雅楽一《いち》の者」　三十九年間　【自然麻呂《じねんまろ》から春野へ】
「一《いち》の者」春野(廿年)→良常(廿三年)→脩文(十三年)→脩正(十四年)
「一《いち》の者」公用(廿年)→好用(　卅年　)→政方《まさかた》(周防守)へ。

★多朝臣政方《まさかた》　平安中期の宮廷楽人　雅楽奏者　宮人秘曲を唱奏。「雅楽一の者」二十六年間
政資《まさすけ》　政方の子(兄)　「雅楽一の者」三十三年間　歌舞名人
時資《ときすけ》　政方の子(弟)　「雅楽一の者」　七年間　歌舞名人
★資忠《すけただ》　平安中期の宮廷楽人・殺害される。　政資《まさすけ》の子　「雅楽一の者」　十三年間
忠方《ただかた》　平安中期の宮廷楽人・堀河天皇の庇護。資忠《すけただ》の三男「雅楽一の者」三十三年間

従五位下
近方《ちかかた》　平安後期の宮廷楽人・堀河天皇の庇護。資忠《すけただ》の四男　従五位下
忠節《ただとき》　平安後期の宮廷楽人　忠方《ただかた》の子　一九八八年　出家する。従五位下
※多氏は、平安中期まで、宮廷楽人の「雅楽一の者」を勤めている。
一九〇〇年★多　梅稚《うめわか》　「鉄道唱歌」の作曲　「菅公」「散歩唱歌」も作曲
一九一一年　太朝臣安萬侶　従三位を追贈
一九三三年★多　忠朝　宮内庁楽師　笠縫の里で多家伝来歌曲「磯城舞」歌譜の再興
一九七九年　一月二十三日　奈良市此瀬町の茶畑から、安萬侶さんの墓が発見される。
二〇一二年　「古事記編纂一三〇〇年紀」記念事業　「太朝臣安萬侶卿の顕彰碑」を建てる。

【　安萬侶讃歌　】田原本讃歌

作詞　石井　正信
作曲　増田　建太

一　青垣の山に　囲まれた
大和真秀《まほ》ろば　田原本
安萬侶さんの　ふるさとは
言霊《ことだま》幸かう　美《うま》し国

二　鏡作りの　神様は
清き心を　映《うつ》し出し
桃の実《まこと》の　神様は
青人草《あおひとくさ》の　守り神

三
太陽の道　この里は
稲穂《いなほ》の波間　蜻蛉《とんぼ》舞い
自然の恵みに　つつまれて
安萬侶さんに　学ぶ道

四
弥生《やよい》の里の　楼閣《ろうかく》は
この花咲くや　唐古池
黄金《こがね》の稔り　願いつつ
豊葦原《とよあしはら》の　中つ国

五
朝霧黄幡《あさぎりきはた》　比売《ひめ》の神
瑞穂《みずほ》の国の　豊作を
祝う山車《だんじり》　里めぐり
太鼓ひびくよ　池神社

六
黒田の宮の　産声《うぶごえ》は
桃太郎こと　吉備津日子《きびつひこ》
倭　建《やまとたける》に　受け継がれ
浦安《うらやす》の国　秋津島《あきつしま》

七
村屋《むらや》神社の　神託《しんたく》で
壬申《じんしん》の乱　勝利して
天武天皇《てんむてんのう》　国づくり
天にそびえる　イチイガシ

八
平野長泰《ひらのながやす》　心意気《こころいき》
大和の平穏　祈りつつ
須佐之男命《すさのおのみこと》　祇園《ぎおん》さん
津島神社の　夏祭り

九
安萬侶さんの　水茎《みずくき》は
千古《せんこ》の思い　今受けて
夢と希望の　道しるべ
自然豊かな　秀真国《ほつまこく》

作曲家　増田建太氏の経歴　大阪教育大学大学院修了
第二〇回奏楽堂日本歌曲コンクール作曲部門畑中良輔賞
第四回ドボルザーク国際作曲コンクールジュニア第三位
第一五回弘前桜の園作曲コンクール一般の部第一位

田原本讃歌

作詩：石井 正信
作曲：増田 建太

3番のみ
f
やすまろさんの　ふるさとは　ことだまさきはう
もものまことの　かみさまは　(ア)あおひとくさの
しぜんのめぐみに　つつまれて　(ア)やすまろさんに
こがねのみのり　ねがいつつ　(ア)とよあしはらの
1, 2, 3.
うましくに
まもりがみ
まなぶみち
4.
なかつくに
B
<間奏>
Pno.

C
mf
8番のみ
5. あさぎりきはたひめのかみ みずほのくにの
6. あくろだのみやのうぶごえは ももたろうこと
7. むらやじんじゃのしんたくで じんしんのらん
8. ひらのながやすこころいき やまとのへいおん
Pno.
f
5番のみ( )内の音を歌う
5番、8番のみ
ほうさくを (ﾜ)いわうだんじり さとめぐり
きびつひこ やまとたけるに うけつがれ
しょうりして てんむてんのう くにづくり
いのりつつ すさのおのみこと ぎおんさん
1, 2, 3.
たいこひびくよ いけじんじゃ
うらやすのくに あきつしま
てんにそびえる いちいがし
つしまじんじゃの なつまつり

D
<間奏>
Pno.
E
mf
9.や すま ろさ ん の み ずく き は せん こ の おも い
f
い まう けて ゆ めと きぼ う の み ちし るべ

F
<後奏>
37
しぜんゆたかなほつまこく
Pno.
40
Pno.

『日本書紀』の年代と「歴史上の事実（史実）」の年代の相関関係表

西暦	天皇紀	『日本書紀』の出来事	「史実」の復元・中国の文献等
B.C.六六七		神武、東征の途につく。	饒速日命・大和に降臨
前六六六		吉備高島宮三年	遠賀川式土器は青森県まで
前六六三		長髄彦と戦う	B.C.九五〇稲作伝播（歴博）
前六六〇	神武一	神武天皇・橿原宮	皇紀二六七八年
前六一九	四二	神渟名川耳尊・皇太子	讖緯説《しんいせつ》・辛酉説《しんゆうせつ》　一二六〇年
前五八五	七六	一二七歳没・畝傍山東北陵	
前二九一	孝安一〇二	孝安天皇没、都を黒田に遷す。	「唐古・鍵遺跡」
前二九〇	孝霊一	孝霊天皇即位289　細媛《くわし》・倭国香媛	神武の東征
前二五五	孝霊三六	大日本根子彦国牽尊・皇太子	B.C.六六七年の他に諸説あり。B.C.三三七・六七・A.D.一一三年
前二三〇	開化二八	御間城入彦五十瓊殖尊・皇太子	
前九七	崇神一	崇神天皇即位	神武天皇即位・橿原宮
前九五	崇神三	磯城の瑞籬宮	B.C.六六〇年の他に諸説あり。B.C.三三〇・六〇・四〇年説　A.D.一二〇年説
前九二	崇神六	天照大神を倭の笠縫邑に祭る	
前九一	崇神七	大物主神の祀り主・大田田根子	
前八九	崇神九	墨坂神・大坂神（疫病対策）	

前八八	一〇	武埴安彦の謀反・箸墓伝説	
前八六	一二	天下平穏・御肇国天皇《はつくにしらす》と賞讃	
前三〇	六八	崇神天皇没・一二〇歳	
前二九	垂仁一	垂仁天皇即位	
		崇神天皇陵・山辺道上陵	
前二八	垂仁二	纏向の珠城宮	
A.D.二五	五四		★後漢、興る。
後五七	八六		★「漢委奴国王」光武帝より賜る
後七〇	九九	垂仁天皇没・菅原伏見陵・一四〇歳	倭国の中心・筑紫、『後漢書《ごかんじょ》』
後七一	景行一	景行天皇即位	
後七四	景行四	纏向の日代宮	
後一〇七	三七		★帥升、生口一六〇人、献上
後一三〇	六〇	景行天皇没・一〇六歳・132山辺道上陵	孝昭天皇(弥馬升)『後漢書《ごかんじょ》』
後一三一	成務一	成務天皇即位	146~167「桓帝」乱一期『後漢書《ごかんじょ》』
後一六二	三二		168~189「霊帝」乱三期★姫、誕生
後一七〇	四〇		★百襲姫《ももそひめ》(八歳)水主神社へ
後一八〇	五〇		★百襲姫《ももそひめ》(一八歳)田村神社へ

後一九〇	六〇	成務天皇没・一〇七歳・狭城盾列陵《さきのたたなみ》
後一九二	仲哀一	仲哀天皇即位
後二〇〇	仲哀九	仲哀天皇没・誉田別尊《ほむたわけ》の誕生
後二〇一	神功一	神功皇后皇太后・磐余若桜宮 203
後二三九	三九	『魏志』倭人伝・明帝・景初三年
後二四〇	四〇	『魏志』倭人伝・正始元年条
後二四三	四三	『魏志』倭人伝・正始四年条
後二四七	四七	新羅・百済ともに朝貢する
後二四八	四八	
		☆神功皇后を卑弥呼に擬する。
後二六六	六六	晋の『起居注《ききよちゆう》』武帝の泰初二年条
後二六九	六九	皇太后没・狭城盾列陵《さきのたたなみ》
後二七〇	応神一	応神天皇即位・在位四一年(古市)
後三一三	仁徳一	仁徳天皇即位・高津宮
後三六五	五三	新羅を討つ
後三七〇	五八	呉・高麗国朝貢
後三九九	八七	仁徳天皇没・百舌鳥《もず》野陵・大仙古墳

185 孝霊天皇没・乱鎮定『梁書《りょうしょ》』
★一九〇年百襲姫(二八歳)の共立
百襲姫(三八歳)「唐古・鍵」で活躍
◎二一〇~二二〇年頃 220 三国時代
「唐古・鍵」から「纒向」へ
★卑弥呼・魏に朝貢『親魏倭王』
百襲姫、巫女として活躍・「纒向」240
244 崇神の御代・247 狗奴国と抗争
★百襲姫没(八六歳) ★箸墓伝説
箸墓古墳(二五〇~二七〇) 百襲姫の墓
★臺與(三〇歳)・西晋に朝貢
★奈良盆地、前方後円墳の築造
278 崇神天皇没?
垂仁・景行・成務・仲哀天皇
神功皇后
369 百済、高句麗に勝つ
391 倭に百済新羅服属「好太王碑」

後四〇〇	履中一	履中天皇即位・磐余稚桜宮	400 高句麗 倭を撃退「好太王碑」
後四〇五	履中六	履中天皇没・百舌鳥《もず》耳原《みのはら》陵	404 倭、帯方郡に高句麗これを
後四〇六	反正一	反正天皇即位・在位六年	討つ「好太王の碑」
後四一二	允恭一	允恭天皇即位・遠飛鳥宮	413 倭王讃 東晋に朝貢★仁徳天皇
		★「倭の五王」のことは『書紀』には記述なし 宋に朝貢、安東《あんとう》将軍倭国王の記述なし	421 倭王讃 宋に遣使、除授受ける
			425 倭王讃 宋に遣使『宋書』
			438 倭王珍 安東《あんとう》将軍・倭国王
			443 倭王済 安東将軍・倭国王
後四五三	四二	允恭天皇没・長野原陵(古市)	451 倭王済 六国諸軍事安東将軍倭国王
後四五四	安康一	安康天皇即位・在位三年	462 倭王興 安東将軍・倭国王
後四五七	雄略一	雄略天皇即位・朝倉宮	478 倭王武 六国諸軍事安東将軍倭国王
後四七九	二三	雄略天皇没、島泉丸山古墳(古市)	479 倭王武 鎮東大将軍『南斉書』
後五五二	欽明一三	百済聖明王、釈迦仏の金銅像	502 倭王武 征東将軍『梁書』 24年
後五九三	推古一	推古天皇・聖徳太子の摂政	538 百済から仏教伝来 552説
後六〇〇	推古八	讖緯説・辛酉説 一二六〇年	『元興寺縁起』
◎後六〇七	推古一五	遣隋使、小野妹子	煬帝、国書の無礼を怒る『隋書』

※二重線は「置き換え年代」か？　上の年代から下の「史実」の年代を推測できる。

【参考文献】

・新弥生時代のはじまり　第四巻　弥生農耕のはじまりとその時代　西本豊弘編　雄山閣
・超巨大噴火が人類に与えた影響　桒畑光博著　雄山閣
・卑弥呼の墓・宮殿を捏造するな！　安本美典著　勉誠出版
・邪馬台国と卑弥呼　直木孝次郎著　吉川弘文館
・邪馬台国　水野正好・白石太一郎・西川寿勝著　雄山閣
・魏志倭人伝の航海術と邪馬台国　遠澤　葆著　成山堂書店
・三国志からみた倭人たち　設楽博己編　山川出版社
・唐古・鍵遺跡　藤田三郎著　同成社
・新訂魏志倭人伝他三篇　石原道博編　岩波新書
・邪馬台国発見史　赤城毅彦著　雄山閣
・古事記と太安萬侶　和田　萃著　吉川弘文館
・日本発掘！　文化庁編　小野昭・小林達雄・石川日出志他著　朝日新聞出版
・祭りと呪術の考古学　春成秀爾著　塙書房
・新編日本古典文学全集『古事記』『日本書紀』三巻、『風土記』　小学館
・新日本文学大系『続日本紀』　岩波書店
・『日本の神々』　白水社

著者プロフィール

石　井　正　信（いしい　まさのぶ）

一九四六年　岡山県生まれ

一九六九年　国立奈良教育大学卒業　大和高田市立高田商業高等学校教諭

一九八一年　文部省教職員海外派遣（英・仏・西独）

一九九一年　奈良県国連懸賞論文「二十一世紀への提言」佳作、知事より受賞

一九九四年　日米交流推進教育プログラム

一九九五年　第三十二回全国倫理研究会実践発表

二〇〇六年　奈良県高等学校教頭協議会会長

二〇〇七年　奈良県立橿原高等学校退職　同校学校評議員

二〇一三年　田原本町観光協会事務局長・記紀・万葉実行委員会事務局長

　　　　　　田原本町立南小学校学校評議員

二〇一四年　田原本町第一回ふるさとカルタ大会開催

二〇一六年　第七回あしたのなら受賞

著書　真秀ろばの地・大和からの願い『日本の心の蘇生』文芸社（二〇〇八年三月）

　『和魂悠久』活魂抄　日本の文化のかたち　奈良新聞社（二〇一〇年七月）

　家族で楽しむ古事記絵

大和　真秀ろば「弥生の王都」・「古事記の里」

二〇一八年一一月一日　初版発行

著　者　石井正信
奈良県磯城郡田原本町秦庄五一三—二〇
電話　〇七四四—三三—〇九四八

発行者　池上晴英

発行所　株式会社　美巧社
〒七六〇—〇〇六三
香川県高松市多賀町一丁目八—一〇
TEL　〇八七—八三三—五八一一
FAX　〇八七—八三五—七五七〇

ISBN978-4-86387-096-3　C3021